# 沟通的艺术

## 高情商谈话与有效社交



高文斐——著

当代中国出版社
Contemporary China Publishing House

2018年·北京

图书在版编目（CIP）数据

沟通的艺术 / 高文斐著. -- 北京 ：当代中国出版社，2018.12

ISBN 978-7-5154-0889-7

Ⅰ. ①沟… Ⅱ. ①高… Ⅲ. ①人际关系学 Ⅳ. ①C912.11

中国版本图书馆 CIP 数据核字（2018）第 250635 号

出版人　曹宏举
策划编辑　孙光雨
责任编辑　聂文聪
装帧设计　尚世视觉
出版发行　当代中国出版社
地　　址　北京市地安门西大街旌勇里 8 号
网　　址　http://www.ddzg.net　　邮箱：ddzgcbs@sina.com
邮政编码　100009
编辑部　(010) 66572264　66572154　66572132　66572180
市场部　(010) 66572281　66572161　66572157　83221785
印　　刷　北京欣睿虹彩印刷有限公司
开　　本　880 毫米 × 1230 毫米　1/32
印　　张　7 印张　160 千字
版　　次　2018 年 12 月第 1 版
印　　次　2018 年 12 月第 1 次印刷
定　　价　42.00 元

# 前 言

*Foreword*

人生来就带有社会属性，人与人相处，如同需要衣食住行一样重要。如果一个人 与社会脱节，被人群隔离，通常会产生一些不健康的生理或心理症状，如运动机能减弱、心理失调、自闭、妄想、幻觉等。

换而言之，我们需要与人沟通，哪怕是与人闲扯，说一些无关紧要的话，即便只是这种最简单的互动，我们也会从中感到愉快和满足。通过沟通，我们能够认知自我以及肯定自我，与他人沟通后所得到的互动结果，往往是自我肯定的来源。人人都希望得到肯定，受到重视，从互动结果中，我们就能得到部分答案。

而在成功学上，人际沟通是当前个人成功最有用的基本技能之一。人际沟通具有心理、社会和决策等功能，和我们息息相关，我们的工作、生活、爱情、事业，无一可以缺少沟通。

沟通就是一切。

目前，全世界有一种普遍的说法：一个人的成功，15% ~ 20% 靠的是自身能力，另外 80% ~ 85% 是什么？是人脉。那么建立、维护良好的人际关系又靠什么？靠的就是沟通。沟通的方法与技巧不到位，就不会起到应有的效果，还可能适得其反。对于每一个人来说，掌握高明的沟通技巧是非常必要的。

完全可以这样说，一个人再有能力，如果他不懂得沟通，那么他所能取得的成就也不会有多大。

必须强调的是，很多人对沟通都存在一种错误的理解，认为“能说”就是会沟通。事实上，沟通力的强弱，并不是看你有多能说，而是看你能否把话说得恰到好处，说得让人舒服、佩服，说得让人心悦诚服地接受。能说，打开话匣子就关不上，口若悬河滔滔不绝，但不见得有用。真正会沟通的人，话不一定会说多少，但句句如金，直触对方内心，轻而易举就可以获得自己想要的结果。

沟通，说到底，是需要彼此能够达成心灵共鸣，才有办法进行的。如果只是将自己想要说的话，不计后果、不假思索地一股脑儿倒出来，往往只会让情况失去控制，如此一来，沟通就会如同吵架，你来我往唇枪舌剑，这样是不会有什么好结果的。

沟通的最高境界，是要说到别人很愿意听、聊到别人很愿意说！

《沟通的艺术》以实用为初衷，围绕关乎我们切身利益的人际沟通方式展开讲解，进一步阐述了如何才能引起沟通对象的注意力，如何给予对方正向的反馈，如何获取别人的好感度，如何有效说服对方的沟通技巧。走进《沟通的艺术》，你就是沟通的艺术家。

目 录

*Contents*

**第一章　在该多嘴的时代，别玩什么内敛深沉**

社交时代，沟通力就是生存力　/ 002

没有声音的人，谈什么机遇临门？ / 006

一次高效的沟通，就能财运亨通 / 010

一次愉快的对话，就能关系融洽 / 016

准确表达，争取沟通一次到位 / 020

"谈"出良好的第一印象 / 024

**第二章　这么多年人见人烦，就因为你口不择言**

言语刻薄，朋友不多 / 030

踩别人的痛脚，谁人不恼？ / 034

闲谈莫论人非，人缘才不会差 / 037

不要滔滔不绝，达意则灵 / 041

嘴上抢风头，事后栽跟头 / 044

说话爱抬杠，你就是冷场王 / 048

总说负面话，和谁关系都不融洽 / 052

**第三章 生活如此枯燥，有趣有料，才有聊效**
练好幽默力，一语顶千言 / 058
跟陌生人套近乎，要懂幽默的技术 / 062
无厘头式逗趣，荒诞却皆大欢喜 / 066
尴尬来了，幽默挡 / 070
幽默要有格调，不要乱开玩笑 / 073
“自黑”是幽默的最高境界 / 077

**第四章 你不必溜须拍马，但不能不讲赞美的话**
长个甜嘴巴，走遍天下都不怕 / 082
闯职场要会“捧”，对上司要会“哄” / 088
就算是“奉承”，也要把握好分寸 / 092
给赞美加点创意，效果出乎人意 / 096
找到心灵的兴奋点，才能赞到点子上 / 100
及时赞美，免得时过境迁 / 104
不刻意地赞美，反而效果更好 / 108

**第五章　只要脑子够快，批评也可以很可爱**

非暴力批评，良药也能不苦口 / 112

旁敲侧击，温和之中表达责意 / 117

欲抑先扬，给情绪一个缓冲 / 122

妥善安抚，打完巴掌别忘喂颗甜枣 / 126

把批评的话，用“玩笑”说出来 / 129

面子留三分，人前不说人 / 133

**第六章　放下你的好人情结，巧妙拒绝别妥协**

高情商拒绝，跟谁都不伤感情 / 142

含糊其词，难以明确地拒绝 / 146

转移话题，顾左右而言他 / 150

反复强调“这事很头疼” / 154

献可替否，拒绝后给点补偿 / 158

借力打力，让别人挡着你 / 162

**第七章　想做社交大咖，人情话、场面话妙语生花**

多说人情话，处处有人情 / 166
善于套近乎，跟谁都近乎 / 170
见什么人，就说什么话 / 174
社交“太极功”，助你掌控局面 / 179
到什么场合，唱什么歌 / 183
大智若愚，低调的才是高手 / 187

**第八章　如果你还会讲故事，行走天下无难事**

只讲道理的人，赢不了会讲故事的人 / 192
最感人的故事，来自最大的反差 / 197
为故事制造悬念，吊足别人的胃口 / 201
卖产品，就是卖故事 / 204
富有画面感的故事，才是好故事 / 208
故事要有创意，切忌千篇一律 / 213

# 第一章
# 在该多嘴的时代，别玩什么内敛深沉

沟通力决定人际关系，社交红利时代，人脉就是复利。掌握沟通的艺术，才是一个睿智的人，才能在人群中焕发出夺目的光彩，如圆润的碧玉般卓尔不凡。反之，倘若你是一个木讷而不会说话的人，沉默而故作深沉的人，那么你的人生可能要经历一番艰辛了。

## 社交时代，沟通力就是生存力

人活在世上就是与他人打交道的，需要随时处理好与他人的关系。而沟通，是人与人之间传递思想、交流情感最基本的手段，一个人能否成功，往往由这个人的沟通能力决定。随处可见的交流谈话、寒暄问好、商品买卖、商贸谈判、政治交往等各种形式的交流，虽然表现形式不同，但本质都是沟通。

至此我们应该明白，沟通已经成为决定个人生存价值的第一要素，一个懂得沟通的人，可以随时让他人接受自己，与他人建立良好的人际关系，继而可以同更多人合作、分享、共赢，他们能不断创造出属于自己的精彩，举手投足间都可以产生不可思议的力量，这就是沟通所带来的价值。

如今的社会上，那些真正的成功者不一定拥有高人一等的出身、显赫的社会地位、优越的家庭条件或是坚不可摧的信念，他们的主要魅力在于会沟通。他们都有一个共通之处，那就是懂得利用良好的沟通能力表达自己的思想和情感，获得别人的理解和支持，使自己左右逢源，如鱼得水。

安莉是一位掌管着数十亿生意的女高管，在逾十年的管理经验中，她几乎每天都要与不同的人沟通，很多人会夸她谈吐得体，相处起来十分舒服。当有人怀着敬仰之心，问及她的成功秘诀时，她说自己只是比较擅长沟通。

“其实我也并不是一帆风顺的，刚毕业时我只是一家小公司的文秘，每月领着 1500 元的工资，交完房租所剩无几。”在一次公司分享会上，安莉感慨地说道，“虽然我工作认真，也十分努力，但工作效率一直低下。心灰意冷之下我自费报名参加了一次培训，就在那次培训中，我终于发现了自身问题所在。”

接下来，安莉转身在办公室的黑板上写下“沟通”两字，并逐一进行分析：

汇报工作，明明成果是最好的，但我总说不到重点，惹得领导频频皱眉头；

向同事传达相关政策时，因为表达得不够清楚，结果让别人理解错了；

说话没有逻辑性，经常说着说着就乱套了；

……

“为什么我很努力，工作效率却很低下？原因就来自沟通的障碍。认识到这点之后，我开始研究沟通技巧，在不断学习和研究下，我的沟通能力越来越好，也慢慢走出事业停滞的僵局。”安莉总结道，“沟通能够起到融洽感情、消除误会、避免冲突、促进合作的作用，我的人生正是从学会如何沟通开始改变的。”

正是因为这样的改变，如今的安莉说话有条理，逻辑性强，总能言简意赅地表达自己的观点。凭借这种超强的沟通力，她打造出一副沉稳干练的精英形象，让人忍不住心生好感，于是她便有了与其进一步交往的可能，进而有机会把陌生人变为朋友，把一般朋友发展成莫逆之交，把生意场上的对手变成伙伴。

看了安莉的故事，你是否意识到，有些成功你也可以复制。

说起沟通，有些人会觉得非常简单，会说话就是会沟通，但事实上，成为沟通高手可不是会说话那么简单。所谓沟通，“沟”是方法，“通”就是目的。也就是说，沟通不是说你讲一大堆话让别人听，坦白讲那只是你在发泄自己的情绪，或者你只是把想说的话说出来了，如此而已。

沟通是一个互相认同的过程，是我们与别人共同参与的过程。我们每个人所站的角度不同，所拥有的见识也各不相同，如果通过适当的沟通，我们能够整合各自的见解，吸收消化，让各自的见解达成一致，并能维持、增进感情或者实现自己的沟通目的，这才算是恰当且有效的沟通。

沟通是生存必需的能力，展现着你的综合实力，体现着你的情商、思想、素养等。扪心自问，你每次和别人对话时，能否让人感受到如沐春风的温暖？你每次和别人对话时，能否在关键时刻抓住比其他人更多的机会？你每次和别人对话时，能否迅速赢得别人的好感，让对方更加重视你、认可你？

石油大王洛克菲勒说过一句话：“假如人际沟通能力也是同糖或咖啡一样的商品的话，我愿意付出比太阳底下任何东西都珍贵的价格购买这种能力。”

没有人是天生的沟通高手，沟通能力是通过不断地学习、训练、调整而提升起来的，是对人综合能力的考验，包括词汇量的积累、反应能力的锻炼、对周围环境的观察等等。只有敢于自觉重新塑造自己的人，才可能掌握高超的沟通技巧。因此，沟通是一门需要很大耐心和毅力去研究的艺术。

明白了这些，你就赶快开始吧。不管你从事什么工作，无论你处在职业的哪个阶段，学会沟通是宜早不宜迟的事。通过简单的谈话，充分展示出自己的各个方面，增加别人对你的好感，你会发现，你与他人的一切交往都将变得简单，每一步都有可能寻找到机会，机遇将源源不断向你涌来。

种一棵树，最佳的时间是二十年前；其次，是现在。学会沟通这一项最具竞争力的技能，总有一天，你会给自己的人生开启另一片辽阔的世界。

## 没有声音的人，谈什么机遇临门?

你是否有过或者正在经历这样的遭遇：

只懂得埋头苦干，很少与领导和同事沟通，结果加薪升职的事情总也落不到自己身上?

与人交往的时候，你总是默默坐在角落，不太愿意在别人面前表达自己，也不会过多地引起别人的关注，交再多朋友，进再多圈子，也会被遗忘?

遇到心仪的异性，你总是不敢走上前去搭讪，关系很难再往前突破一步，所以落单的那个永远是自己?

……

这可能与你的性格有关,也可能来自你的经历,这些无关紧要。现在,你必须要及早地认识到，在如今这个“酒香也怕巷子深”的时代，没人会因为你秘而不宣的思想记住你。我们常说“是金子总会发光”，但是缺乏当众表达自己的勇气，不敢也不愿在人前讲话，即便你再怎么优秀，能力再出众，想法再独特，他人也无法注意到你。如此，好机会也不会落到你头上，到头来你只能默默无闻。

薛贵不爱说话，上学时在课堂上很少发言，见了同学也不知道打招呼，所以一直以来都没有什么朋友。毕业五年后，在同学聚会上，好多人早已不记得薛贵，但是令薛贵感到不解的是，班里那个成绩不好、长相一般的同学，仅仅因为平时话多而成了同学中间的“红人”，时至今日依然如此。

工作之后，薛贵依然不太喜欢和人交流，也很少参与同事们的聊天，大部分时间在自己的工位上盯着电脑屏幕。薛贵一直以为认真做好工作就可以了，但他明明做了那么多工作，明明十分努力，可领导并没有给予他应有的重视。

“为什么我的努力别人看不见？我不就是不善于说话吗？为什么大家都不重视我。”薛贵逢人便抱怨，话语中充满了怨气。

无论在哪一个圈子里，相信大家都会见到这样一些人：他们不习惯于语言上的表达，甚至包括情绪和情感，不会主动表露出来，也不会轻易提及，往往什么想法都留在心里，显得内敛。只是一个人如果不主动表达自己，不主动把自己的观点、思想、能力以及态度表达出来，亲友、同事、领导以及各类的协作者、共事人怎能了解你、理解你，并与你共同做事、共同生活？

所以，别再傻傻地躲在角落里不敢主动发声了。

事实上，那些能够获得更好的圈子和资源的人，往往都善于表达自己，善于与人沟通。这不难理解，你只有主动向朋友表达，真正了解你的人才会越多；你只有主动向爱人表达，彼此没有隔阂，爱情才会美满得多；你只有主动向领导表达，提出独特的建议和见解，领导才会对你刮目相看……

主动地表达自己，这是沟通核心第一条原则。

孙岩是一家保险公司的销售冠军，这个名号保持了十几年。有人问孙岩是如何销售保险的，他说在大学的时候，他和全校几乎所有的人都说过话。

别人很纳闷："这跟保险有什么关系？"

孙岩回答说："我一上大学时就立下一个目标，那就是成为一名校园领袖。为此，我总是注视着向我走来的每一位同学，并主动和他说话。如果我认识他，我就会叫着他的名字；即使我不认识他，我仍会和他说话。就这样，我在大学里认识的学生比任何人都多。当然，他们也认识我，并乐意支持我。"

"大学毕业后参加工作，我一直用这种方法做保险。"孙岩继续解释道，"和在大学时一样，我与人行道上遇到的每一个人说话，不断地主动出击，不断地拜访他们。当我把自己推出去的时候，也就有更多的人知道了我是干什么的，这样当他们想投保的时候，自然就会想到我，我的业绩也就提上去了。"

孙岩的巨大成功，就在于他能主动地与人交流和沟通。

人与人之间交流思想，最有效的途径就是语言，敢于讲话才有机会，所以无论是在职场、在人际、还是陌生的环境中，要自信大方地与别人交流，大胆发表自己的看法，使别人能认识你、了解你、接纳你、支持你。这样的话，你就会成为一个处处受欢迎的人，获得种种机遇的契机也会大大增加。

真正的沟通一点都不困难，首先必须“讲出来”，讲出来就已经成功了一半。

想要让自己敢于“讲出来”，最直接的方法就是主动，主动、主动、再主动。这种胆量不会与生俱来，也不会从天而降，而是需要经常性的练习。

我们每天都要见人，都要说话，试着与他人闲聊、寒暄、攀谈，说话的次数多了，自然就形成了习惯，胆怯就会逐渐消失。

例如，身为父母，你可以利用睡前时间给子女讲一讲故事。如果你能清楚地讲一个故事再好不过，认认真真去讲；如果不能，那就去找一本儿童文学作品看看，再来训练，并融合一些有用的趣味知识讲给孩子听，使其变得有趣而生动。长此以往，你的谈话能力就会逐渐取得明显的进步。

即便开始的时候比较困难，在多次尝试之后也会熟能生巧，不管讲得好不好，先成为健谈者再说。时间久了，我们的被动习惯就会逐渐消失，而且也能锻炼自身的沟通能力，之后在任何场合都能积极主动地当众讲话，将别人的目光吸引过来，进而改变自己的命运，把握好自己的未来。

## 一次高效的沟通，就能财运亨通

不同的人有不同的观点，不同的公司有不同的理念，不同的组织有不同的纲领，不同的国家有不同的文化，所有这些“不同”就是隔阂和矛盾的发源地。生活中，人与人之间的矛盾或冲突，80% 以上是沟通不畅引起的。沟通不畅，情感上就不通，如此随时可能出现问题。

要想调和这些“不同”，就必须学习“沟通”的艺术。

在一家公司里，安盛是一个做事谨慎的“老顽固”，对于某些带有风险性的事务，他往往会关注存在的不利因素，几乎不愿意轻易尝试，但这一点让其他同事非常抵触，尤其是何俊，何俊这个人喜欢在冒险中求利，认为保守会让整个团队丧失争取绩效的机会。对待工作，安盛和何俊都非常认真，而且积极，但他们合作的项目屡次进展不利，在执行过程中，他们也时常发生轻微争吵。

诸如此类的事情常有发生，于是何俊开始分析为什么会出现这种现象。他后来发现，他们两个之间沟通太少，确切地说是他们都不愿意和对方交流，结果明明是预期很好的项目，由于彼此认知上的不同，理解上的偏差，导致执行起来南辕北辙。沟通不到位，一切都白费，这真是两败俱伤。

为了避免这种悲剧的发生，后来何俊和安盛作了很深入的交流，讲清楚了问题所在，并且提出了沟通的几点原则——有事情就讲出来、有疑问就问出来、有要求就提出来。之后，何俊和安盛遇到事情时都会冷静下来，积极主动地进行沟通，心平气和地商量，渐渐地他们对彼此越来越了解，何俊认识到安盛保守中沉稳的一面，安盛也能理解何俊果断做事的利处，再后来他们沟通的范围越来越广、越来越深，合作的默契也越来越好，屡次获得领导的表扬，最终成为事业上的“好搭档”。

有效沟通是消除矛盾的良方，是促进感情的“妙药”。无论在生活中还是工作上，无论遇到什么事情，你都能凭着自己的沟通力迎刃而解，这样的办事效率，你真的不需要吗？

在对方情绪激动之时，有效的沟通是极具挑战的。不仅如此，越是有重要沟通结果的对话，过程中情绪越是高涨，有人甚至在对话开始前就已经呈现守备状态了，这使得人们难以真诚地畅谈。此时，深谙沟通艺术的人会先让对方冷静下来，待对方情绪平复后，再坦率地沟通，这样问题就能迎刃而解。

初进公司时，钟露的职务是办公室文秘，但仅仅用了两年时间，她先后晋升为经理助理、部门经理，她在每一个部门都做得有声有色，每一次调动都令人刮目相看。关于钟露的升迁有各种各样的说法，大致上有一个共同点就是，大家觉得是好运气眷顾了她，给了她得天独厚的机会，而钟露只是会沟通罢了。

一年前，由于生产任务加重，总经理只能让员工加班工作，但因为事情过于繁忙，便没有提前和员工说明。一连加了两个星期，仍没有停下来的意思，员工们逐渐有了怨言。员工老严已经在公司工作了十年，是老资格了，他对其他员工说："我得找老板说道说道，我们虽然是工人，但怎么能说加班就加班，还加起来没完了。"

其他员工听了，也感觉很气愤，纷纷发出声讨：

"对，我们不能再加班了，这要到哪一天为止呢！"

"也不知道能给多少加班费，必须得按照国家劳动法规定给付我们。"

"不仅加班费，其他的补助也得给，现在天气这么热，谁贪图那点加班费？"

"年终也应该给奖励的，咱们加班给老板创造了多少利润呢！"

……

听了大家的说辞，老严更加义愤填膺，气冲冲地来到办公室，对当时正是文秘的钟露说："王总呢？我找他有事情。"

钟露虽然新来不久，但已经听闻工人们私下抱怨的事情，看到严师傅严肃的表情当即明白七八分，于是笑着说："严师傅，我听说过您，咱们公司的骨干。王总经常提起您，说您给公司做了很大贡献，是他的兄弟。"

"是吗？王总这么说啊！"老严有点惊讶地问。

"是啊，经常提起，我来了不久，王总已经提起您好几次了。王总要是听说您有事找他，一定会立即出来，但很不巧，有客户正在和王总谈事情，麻烦您等一下，行吗？"钟露十分客气地问。

“哦，这样啊！好吧！我等等吧！”老严不太情愿地说。

钟露把老严带进会客室，又笑着问道：“严师傅，您喝茶吗？我给您沏茶。”

“我什么都不喝，你不用忙了。”

“您是公司的元老，有机会给您敬茶，是我的荣幸。”钟露一边沏茶，一边继续说着，“严师傅，其实您今天不来，明天王总也要去车间看您。他跟我说，严师傅是公司元老，为公司风风雨雨十几年，不容易。严师傅为了公司是付出了真心的，王总很感激您。最近公司订单多，不得不经常加班，王总一直都很担心您的身体状况。”

老严听完，心里很感动，来时的怨气已经烟消云散了，他有些脸红地说：“加点班没什么，还烦劳王总惦记。”

正说着，王总大步走进会客室，问道：“老严，您有事找我？”

“没……没……没什么，就是大伙委托我来看看您……”老严结结巴巴地说，他的心里此时只有感动，已经没有一点怨气了。

王总当然也知道老严来的目的，当即就和老严去了车间，先向工人道歉，又向工人说明连续加班的原因，最后请工人给予体谅，齐心协力度过这段时间，并保证给予大家公平合理的待遇，工人听了，心里的气顺过来了，也就不再抱怨了，而且士气大增。

在这里，严师傅、王总、钟露就是一个微型的关系网，各自有各自的职责，各自也有各自的所思所想。严师傅本来是带着怒气要找王总算账的，但好在钟露针对严师傅的心理进行了软言柔语的沟通，使他逐渐地消解了怒气，等到王总出现时，三个人之间的关系已经由开始时的矛盾变成了和谐。

在这里，高效的沟通能力让钟露说出来的话十分舒服，令人听了愉快，既迅速赢得老严的好感，也淋漓尽致地表现了自身能力，更打通了一条通往成功之路的捷径。试想，如果钟露之前不能平息老严的情绪，老严带着怒气和王总沟通的话，两人很可能会发生矛盾，还可能引发公司上下的关系危机。

关系有远有近，人情有薄有厚，事情有难有简。其实，关系、人情、事情，就是我们常说的人际交往。先建立关系，后打通人情，再解决事情，就是人际关系的流程，但上述三样都离不开沟通，针对对方心理进行的成功沟通。没有这样的沟通，何谈建立关系，何谈打通人情，又何谈解决事情。

有一位资深企业顾问被一家企业请去指导团队协作，公司老总向该企业顾问介绍了一些情况，他认为是员工没有责任心，工作懒懒散散，有了问题就相互推诿，相互抱怨，谁也不想承担，结果推来推去，小事变大，大事搞得没法解决了，所以想请对方前来帮忙培训员工的团队合作意识。

企业顾问问老总："你认为员工推卸责任的根结在哪里？"

老总非常肯定地回答："员工没有协作意识，过于自私。"

但企业顾问却摇头说："临行前我做过了解，你们这里的人业务能力都很强，都有独当一面的能力，而且他们的职业素养没有问题，不像你说的过于自私。当然自私的心理人人都有，只是这种心理现在被无限放大了。其中的原因在于沟通不畅，工作中员工之间缺少交流，工作不能很好地衔接，结果工作效率就低。"

随后，该企业顾问为这家公司的员工做了三期沟通力的培训，公司也相应启动了内部沟通机制。

在此期间，一则事件很有代表性：王昊是这家公司的业务员，有一次他被老总安排到外面约见客户，他认为主管知道这件事，就没有和他提前报告，结果被记了请假，月底的时候扣了工资，王昊对此感到委屈和气愤，认为主管是故意和自己作对，于是在工作中各种不配合。主管见王昊成了部门的“刺头”，于是便有意想打磨他一下，凡是难搞的业务就推给他做，结果两人矛盾不断。这就是沟通不到位导致的工作困境，在企业顾问的劝解下，王昊和主管坐在一起，一番心平气和的沟通之后，主管才知道自己当初搞错了，当即和王昊诚恳地道了歉，这下王昊也不好意思了，说：“这件事情不怨你，是我做得不到位，我外出时没有及时向公司报备，以后我会多多注意的。”

一个是两败俱伤，一个是圆满收场，相信我们都能比较出哪种处理方式更好。

几个月后这位企业顾问得到消息，这家公司已经完全解决了执行力不强的问题，员工也不再相互推诿责任、互相埋怨了，生产力得到大幅度提升。

一次高效的沟通，可以增加同事间默契的协作关系；反之，会造成同事之间矛盾加剧。

一次高效的沟通，可以快速地解决工作协作问题；反之，将会是制约工作的开展。

一次高效的沟通，可以实现个人业绩快速积累；反之，会让自己的工作毫无建树。

台湾主持人蔡康永曾说：“练好如何说话，是最划算的事。”这真是一句至理名言。

## 一次愉快的对话，就能关系融洽

沟通是协调的基础，没有沟通就没有协调，但要达到满意的结果，并非只靠简单的语言就行，还需要营造良好的沟通气氛，这也是沟通中重要的协调艺术。气氛并非客观性的存在，而是人为推动形成的，只有充分调动起各方面的积极性，使沟通渠道顺畅地进行，才能达到沟通目的。

什么是良好的沟通气氛？就是在沟通的过程中，当事人处于一种友好、轻松、融洽的心理状态，不仅能够获得愉悦的心情，而且更易敞开心扉，进而保持和发展正向沟通行为。

王励是一个很有才的广告文案，但他这个人过于严肃，在和客户对接的时候，总是不苟言笑、内敛深沉、正襟危坐。这天，王励正在跟某个客户沟通工作事项时，他当场义正词严地和客户表态说："既然您当初选择了我们，一定是肯定了我们的专业，为了最大限度地保障我们的合作，也为了减少外行指导内行而导致的工作延时，我建议，您不能随意改动我们的方案。"

客户的脸色顿时变得很不好看："啊？我不能改动？"

"是的，我们很专业，经验丰富，请您放心。"王励非常严肃地说道。

"我是甲方，我是拿钱的，肯定得我做主。"客户有些恼火了。

……

就这样，双方陷入"拉锯战"中，所谓的"沟通"变成了双方谈判能力的角逐大战。

出现这样的问题，根源在哪儿呢？是王励过于强势，客户过于苛刻吗？这些都是表面现象罢了，关键在于沟通双方的气氛不够融洽。

无论是无意还是有意，王励漠视客户的态度及其所传送的信息，让客户感到不被尊重和认同，进而引起令人生寒的沟通气氛。

那些懂得沟通艺术的人绝不会如此，他们会在沟通中让对方体会到被尊重或被认同的感觉，获得一种愉悦的心情，往往通过一次对话，就能让彼此的关系融洽美好。

在日常生活中，你是否遇到过这样一些人，你明明并没有聊天的欲望，可是跟他们聊着聊着，你就突然打开了话匣子，你会发现，聊天居然可以这么畅快，而且你非常乐意继续跟他们聊下去，好像遇到知己一样。这种人为什么会有这种魔力呢？原因就在于，他们善于营造良好的聊天氛围。

所谓沟通，交换的是一种信息，也是一种感受，就是你在言谈之中带给他人的感觉。尤其是当沟通内容不是特别重要时，用不了多久我们就会遗忘，但是与对方在沟通中留下来的感受，我们却能够记住很久，并且判断此人值不值得深交。所以，在沟通过程中，情绪往往比内容更重要。

当王励和客户陷入“拉锯战”时，总监及时地介入了进来。当时见客户的怒气未消，总监便邀请对方前往洽谈室喝茶，因为事先得知客户喜欢品茶，他们便先聊了聊茶道。其间，总监诚恳地和客户说：“我相信跟您的合作会非常愉快，我们的专业技能，再加上您对产品的了解，肯定能强强联合做出好方案。为了让这次合作更顺利，我们需要提前商讨一下可能出现的合作问题，您觉得可以吗？”

客户简单地回答道：“可以！”

“请您理解，钟励之所以坚持自己的观点，是因为之前我们跟其他客户的合作中，曾经遇到过一些问题，”总监进一步解释道，“比如，有些甲方其实也不清楚自己想要什么，一个方案改了N遍后又改回去了，彼此都浪费时间和精力。”

客户的态度稍微缓和了下来，总监接着说道：“合作从来都是一种共赢，您的目标是以最好的形式将产品推广出去，我们也是希望如此，所以，请您相信我们，当然我事先会多多咨询您这边的建议，也希望您能够积极配合。”

“好啊，这样解决就好多了，我相信合作会更加顺畅。”客户似乎松了一口气，继而笑了起来，“但是，其实我们还可以一起规避这个问题……”

面对同样一件事，面对同一个客户，为什么王励和总监取得了不同的沟通效果？在这里，沟通氛围起到了非常关键的作用。总监用一种诚恳而积极的态度对待这次沟通，建立起了一种愉悦的沟通氛围，让客户从心里产生了愉悦感，这种愉悦感会让客户发自内心地愿意配合，最终提高了沟通效率。

我们之所以要沟通，就是要在两种不同的观点中找到契合点，也就是说，双方带着各自的想法坐到一起，如果一开始就生硬地摆事实、讲道理，会让对方情不自禁地产生抵触心理和负面情绪，可能根本就听不进去你在说什么,沟通从一开始就走进了死胡同,又何谈达成协议？！

所以，当遇到任何沟通难题的时候，不要以此为借口和对方对着干，更不要干脆放弃沟通，摆出一副爱理不理的深沉态度，不妨在自己完全了解及认知的基础上，真诚地为他人着想，多考虑对方的感受，多包容和理解对方，让对方感受到你的关心爱护，营造起愉悦的沟通氛围，这样事情谈起来才会比较顺利。

想让沟通顺利进行，掌握沟通过程的气氛是必需的，当然，掌控气氛不能单纯靠提高自己的热情，还要通过认真倾听、真诚对话、控制情绪等多方面共同努力，这样才能将气氛调至高涨，人们才会感到精神放松和愉悦，更愿意说出自己最真实的想法，才会让你不损失任何东西，却能受益匪浅！

## 准确表达，争取沟通一次到位

如今，不少人已经知道沟通的重要性并习惯于沟通，不但通过沟通了解别人的想法，还会找到解决问题的有效途径，但遗憾的是，有些人掌握不了沟通的要领，经常会出现各种各样的问题，不但没有达到当初沟通的目的，还会产生新的误解，甚至有人抱怨沟通简直是骗人的东西。

为什么会发生这种现象？——没有其他理由，关键是不了解沟通的本质。沟通是什么？沟通是清楚表达自己的想法和准确听明白别人想表达的意思。要与他人沟通，首要的就是表达的清晰度，语言表达一定要准确到位。说不准确，说不到位，别人悟不明白，理解不透，甚至产生歧义，这就是失败的沟通。

小津是一位经理助理，踏实能干，又有上进心，一开始给经理的印象非常好，但没多久经理就发现，小津说话过于含蓄，总是含糊其词，不论是当面沟通，还是书写文件，又或者是打电话，经常发生一些无法一次沟通到位的窘况，以致后来经理总要来回好几次确认自己没有误解小津所要表达的内容。

比如，有一次经理让小津编写一份邀请客户参加高尔夫球赛的通知书，他如此表述——“本次活动地点在市郊的一个高级高尔夫球场，这里有比赛级的高尔夫球场、从草地可打四百码的练习场、假设各种状况的模拟练习场，紧邻那边的酒店、旅店、图书馆等设施，像这类充实生活的设备一应俱全。”

在这段文字中，经理不清楚“那边”指的是哪里，“像这类”所指涉的对象也十分模糊，这样的表述更会令客户迷惑，并认为公司不真诚、不专业等。为此，经理将小津严厉地批评了一顿，令他一定要改掉这两个指称对象不明确的部分，将准确的意思传达给客户，以免造成不必要的麻烦。

这位经理是在小题大做吗？其实不是！

永远也不要低估表达的难度，即便你要讲的只是“1+1=2”这样简单的事，也要竭尽全力表达清楚。比如上级的一条命令，别以为一级一级传达就可以了，要知道即便准确无误的命令，在传达过程中，被误解的概率也非常大，就如同我们玩过的一种传话游戏，第一个人说了一句话，中间经过很多人口口相传，等传到最后一个人时，已经面目全非了，完全不是第一个人的意思了。

为什么有些人常常会词不达意？很多时候在于说话含蓄，也许是因为担心自己语言过多被人嫌弃，他们往往欲言又止、拐弯抹角、充满暗示。对于这类人而言，含蓄并不是美德，而是需要深刻的反省，反思自己的表达哪里出了问题，反思自己说的话别人是否真的都听懂了。

沟通的关键是效率，简单、明确、高效、无误地传达信息。你不能一味地指望别人猜想你的目的，或者领会你的暗示，而要经常练习自己的表达能力，沟通时一定要准确表达，绝不可有丝毫偏差，避免说出来的话有另一种解读的可能性。

相信大家已经明白了准确沟通的重要性，但如何做才能算是准确表达呢？

举一个例子，如果你这样说："有些专业人士的年收入非常惊人！"这句话是否能使听者清楚明了地知道你的意思呢？答案是否定的。

专业人士指的是谁？"非常惊人"到何种地步？所指的相对人群是什么？都需要进一步说明。此外，每个人的社会地位和生活阅历不同，理解能力和识别能力也不同，因此这句话会被不同的人做出不同的理解。例如，在山村种地的农民会将高收入理解为有某项专业技能的年收入几万元的技工；而城里的工人会将高收入理解为年收入几十万的外企金领；而外企金领会将高收入理解为年收入上千万的私企老总。

所以，"有些专业人士的年收入非常惊人"这句话是非常模糊和不确定的，很难给人一个清楚的界定方向，也会造成不同人的不同理解。

如果你这样说："律师这个行业的年收入非常惊人，普遍年收入都能达到五六十万！"显然，这句话比上一句话更准确，听者能清楚地知道你所阐述的意思。

不管你以后要做什么演讲或讲话之类的，都可以按照这个思路展开去讲，一定可以使你表达更准确、意思更明确。

还有一点，抽象不适合日常的沟通，我们最好用形象具体、耳熟能详的语言来表达内心的意思，为了避免不必要的歧义，最好直接表达本意，不要使用模糊的代名词，不要使用双重否定句，更不要对着外行人使用业内行话，目的就是让人在最短的时间内准确地理解，这样的沟通才是最高效的。

准确地表达，是一件非常重要且常常被忽视的事情。如果你能尽早做到这点，你就能在沟通过程中少走一些弯路。

## “谈”出良好的第一印象

和人结交，第一印象是至关重要的。第一印象良好，往往就能顺其自然地建立关系，谈成生意，甚至成为朋友；反之，如果第一印象不好，那么双方很可能会不欢而散，甚至避免再产生任何交集，从今往后“老死不相往来”。那么，我们究竟该如何做，才能给别人留下一个良好的第一印象呢？

关键就在“谈”上，从沟通上下功夫。

准备和别人初次对话，如何顺利地沟通呢？不少人与陌生人或者不熟悉的人沟通，时常是一段生硬的自我介绍后就不知道做什么了，陷入一种无话可说的窘境，就这样尴尬地站在那里，这样的沟通看似内敛，却是很难成功的。要知道，人的心理隔阂很强烈，内心始终是排斥他人的，因为这种距离感，沟通最终只能流于表面。正是因为如此，这些人的人际关系才人情纸薄，生活中也是处处碰壁。

所以，要想改变无话可说的窘境，要想避免冷场的尴尬局面，消灭沟通中的距离感是非常重要的。其实，这也并不是什么异常困难的事情，因为一句简简单单的、恰当的开场白，往往就能给人一种轻松感，是拉近距离，消除陌生感的好方法，由此沟通感情、联络友谊，将促使人际交往更顺畅。

一天，周婆婆独自去菜市场买菜，走到半路时突然腰疼，她知道这是腰疼的老毛病犯了，便在路边的便椅上坐下休息，一手还不停地捶打腰部，这时，一个扎着马尾辫的女孩儿走过来，以熟悉而亲切的口吻问道："阿姨，您腰疼好点了吗？"说完，还蹲下来帮周婆婆轻轻地捶打腰部。

周婆婆是一个性格比较内向的人，从来不喜欢和陌生人说话，此刻，女孩如此亲切的问候和举动，让她认为自己认识这个女孩，但一时想不起来了，连忙笑着问："不好意思，我们见过吗？你有什么事吗？"

"我看您坐在这儿，就忍不住心疼。"女孩笑了笑，说道，"虽然我们是第一次见面，但不瞒您说，我妈和您一样也有腰疼的毛病，干点家务就酸痛，有时都直不起腰来，看了好几家医院都治不了根。我很心疼我妈，下定决心一定要帮她治好腰，为此我从老家来到这儿，开始学习针灸按摩……"

两个人足足聊了一个小时，始终充满了笑声。女孩临走前，周婆婆主动提出交换联系方式，并表示愿意试一试针灸按摩。

两个未曾谋面的人在第一次接触时，在感情上必然会有一段距离，但这位女孩只用了一句开场白"阿姨，您腰疼好点了吗？"，如此亲热、贴心的话语，表达出自己的真诚和热情，瞬间消除了彼此的陌生感。

由此可见，我们要想和别人进行良好的沟通，瞬间拉近彼此之间的距离，就必须主动开一个好头，第一句话就要给对方留下良好的印象。一旦我们不能说好第一句话，那么对方就会产生极强的戒备心理，这时候，我们就处于劣势了，之后即便想尽办法，说出再好听的话，恐怕也无法扭转局面。

开一个好头，把陌生人变成熟人，其实也不难。一般来说，任何两个陌生人之间，如果仔细进行一番调查，都会找一些或明或暗的关系，比如朋友的朋友、同乡关系、亲友关系、校友关系等等。如果我们能够在与对方见面前多花些工夫，那么就会攀上一些关系，大大地缩短同对方的心理距离。

除了和对方攀关系之外，我们的话题还可以放在与对方有关的东西上，比如兴趣爱好、职业身份、举止动作等等。只要我们的开场白能够引起对方的注意，并且是对方熟知的东西，就会让对方感到愉悦，从而对我们产生好的印象，谈话也会越来越深入，而这就需要我们多多加以练习了。

比如，第一次拜见客户时可以这样问："您就是刘总吧？最近生意可还兴隆？"

比如，"你是北京大学毕业的，我也曾在北大进修两年，说起来，我们还是校友呢！"

再比如，"您是棋坛老前辈了，我是棋坛票友，相当痴迷，我与您可算'近亲'！"

这几个例子，一个比一个牵强，但听起来就是让人感觉顺耳，这就是攀谈的效果。

陈女士是一位公司的高管，举行各种晚宴的时候，只要她一出现，会场的焦点就会聚集在她一个人身上，人们的目光会一直追随着她，甚至很多人都情不自禁地朝她走去。

是陈女士美丽性感吗？恐怕不是！要知道，她现在已经是一位五十多岁、身材有些臃肿的中年妇女了，然而，陈女士总是热情主动地走向每一个人，并礼貌地与在场的每位朋友打招呼，“嗨，近期你过得不错吧？”即便对方是陌生人。久而久之，陈女士成了各种活动中公认的主角，人们对她的好感有目共睹。

陈女士之所以能够在众人中脱颖而出，成为万人瞩目的焦点，与容貌无关，与年龄无关，这一切都有赖于她能快速消灭沟通中的距离感。

这简直就是奇迹！如果不管面对什么人，你总能迅速地拉近彼此的距离，这些奇迹也将会发生在你的身上。

## 第二章
## 这么多年人见人烦，就因为你口不择言

沟通虽然以“说”为主体，但也不是想说什么就说什么，胡说、乱说、口不择言，必然惹出麻烦。有些人就是这样，说话不看场合、不讲方式、不考虑后果，结果把人得罪了还不知道，这时，甭管你是不是无意之失，你都会让人非常反感。

## 言语刻薄，朋友不多

“这连衣裙多漂亮，可惜穿在了你身上。”

“你最近是不是吃得有点多？你看，你的胳膊都有我大腿粗了。”

“就凭你也想当画家？别再瞎耽误工夫了，你练也白练。”

……

当听到这类话语时，你是否感到十分生气？是否还会愿意与这样的人沟通呢？相信很多人听了会感到非常不舒服，避之唯恐不及。

王太太是一个性格泼辣的人，或许是中年丧夫的原因，她的脾气比较火暴，一不顺心就会用言语攻击别人，而且那些言语非常刻薄。其实，王太太的儿子媳妇非常孝顺，对她也诸多包容和忍让，可是王太太整天就知道给儿子儿媳挑毛病，抱怨这个，指责那个，不去理解后辈的艰辛和难处。

现在的年轻人讲究吃，既要吃得好、吃得饱，又要吃得健康，家里每个周末要做一顿大餐，有鱼有肉、荤素搭配，王太太看到总是撇撇嘴，

“我们那时只有逢年过节才会割一小块肉，哪像你们现在整天只知道享受，不知道过日子。”

儿媳妇体质不是很好，几乎每个月都要感冒一次，每当儿媳妇喝药的时候，王太太总是在旁边抱怨：“我从小到大很少吃药，打针根本见都没见过，哪像你们这些年轻人，动不动就感冒，不知道你们是怎么搞的？”

……

面对自家的亲戚们，王太太也毫不收敛。一年春节，一位小辈前来看望王太太，因为当时对方还没结婚的缘故，王太太就开始劝小辈早点结婚，她的本意是好的，但说出来的话却惹人生气：“你看你，读了大学有什么用，连婚都结不了。不过也是，现在的大学生不行了，出来赚的钱都没有农民工多……”

说话这么尖酸刻薄的人，肯定长得也不怎么样吧。的确，这些言辞很难和美画上等号，然而，王太太却是一个银发红唇、打扮时髦的人。她家里客厅的墙上挂着一张年轻时的照片，虽然那张照片有些模糊，还是黑白的，但无法掩盖她的美艳。但再看中年的照片，那份美艳已经慢慢消逝，取而代之的是一副尖酸刻薄的模样。就这样，一个美女最后变成了一个让人生厌的老太太。

为什么有些人言语刻薄，说话总带锯齿呢？著名美剧《破产姐妹》里面有这样一句非常经典的台词——“你嘴巴那么毒，心里一定很苦吧”，把这句话用在这些人身上，真是再合适不过了。

我们常说“言语即心声”，一言一语看似嘴巴一张一合那么简单，但其实背后暴露的是一个人的心性与人品。而总是发表过于刻薄的言语，只能说明这些人的内心太过消极、太过狭隘，容不下别人生活的美好。在他们看来，大概只有通过这种犀利恶毒的语言，才能把内心对生活的不满宣泄出来。

很小的时候，宋彤的母亲就告诉她：“一个人最大的善良就是好好说话，即便你生活再不如意，内心再多气愤，也要好好说话。一个人再善良，如果出口总是尖酸刻薄的话语，那么别人就无法感知到你的善良，反而会对你敬而远之，然后慢慢地不再有交往，你自然也就会变成一个孤单的人。”

有一次宋彤跟着母亲去看电影，后座的一个小男孩一直乱踢凳子。宋妈妈温和地提醒对方要保持安静，谁知男孩的母亲却开始骂骂咧咧，扯着嗓子一直吼，宋妈妈气得满脸通红，却没有回击对方。那位母亲气焰更盛，甚至搬出了“出门被狗咬死”的狠话，那情景简直就像一个泼妇骂街一样，宋妈妈叹了口气，拉着宋彤便离开了。宋彤问母亲为什么不和对方理论，宋妈妈回答：“让她骂吧，那是她没有修养的体现。这种嘴巴毒的人走到哪里，都是最招人烦的那一个。”

深受母亲的影响，宋彤自幼便严格约束自已，一定要好好说话，言语不能尖酸刻薄。由于平时养成了这样的习惯，即便宋彤情绪再不好，处境再糟糕，也丝毫不担心自己会“溜口”，因而，身边不少朋友喜欢和宋彤一起说话，有了心里话，总爱与她畅所欲言，而她也为自己在他们心目中有着良好形象而自豪。

宋彤毕业前在一家单位实习，当时一起申请实习的有数百人，经过重重选拔，只剩下了三个人。宋彤的能力不是最好的，之前也没有实习经验，她觉得自己太幸运了。后来，实习一段时间后，人力资源经理才告诉她一个小秘密："我们选择你，能力是一方面，更重要的是你言谈之间的修养！比如，即便被对手故意抢了话，你也没有在口头上责骂，还一直保持言语柔和、彬彬有礼。"

一个言语柔和的人，传递给别人的都是如沐春风的温暖，路会越走越宽，朋友无数。而一个言语刻薄的人，呈现给别人的总是一副不讨喜、惹人烦厌的模样，总有一天身边会连个说话的人也没有。我们总说愿世界温柔以待，但也要知道，想要世界温柔地对待自己，先要温柔地对待这个世界。

世界如此美好，你何必满身戾气……

## 踩别人的痛脚，谁人不恼?

秦欣是一个二十多岁的姑娘，看起来倒是文文静静，就是有些心直口快。

今天是秦欣入职新公司的第一天，同事们为了欢迎秦欣的加入，决定下班后去聚餐。同事李贝是个吃货，聚餐的时候特别能吃，见此，秦欣不禁打趣说：“你都这么胖了，怎么还吃那么多？再胖下去，你就找不到男朋友了！”李贝的确比较胖，也一直忌讳别人说自己胖，眼下听秦欣这么说，不禁尴尬地笑了笑。

秦欣见李贝没有理睬自己，又对旁边的王军说：“我们这里最该多吃的就是你，你看你瘦得就跟一个骷髅似的，看起来一点安全感也没有，以后哪个女孩找你做男朋友，说不准还要保护你呢，要是李贝能匀些肉给你就好了。”一席话下来，王军也是一脸尴尬，撇了撇嘴想说什么，但想了一下也没开口。

聚餐结束后，秦欣邀请大家去KTV唱歌，不过大家的兴致都不高，全都找借口回家了。

此后的一个多月，同事们渐渐了解秦欣的为人，但凡与她说过话的人，都被她的“耿直”伤害过，“你性格内向又木讷，就不是做销售的料”“你那男朋友太一般，你怎么跟捡了个宝似的”……渐渐地，大家不愿意再与秦欣聊天，除非是谈公事，因为秦欣所谓的直爽和开朗，让大家都有点硌硬。

后来意识到了这个问题，秦欣逢人便委屈地诉苦：“我这人性格就是这样，向来是有一说一、有二说二，为什么他们都不喜欢我？”

相信秦欣的故事会让很多人颇有感触，这简直就是某某朋友的翻版！

在我们身边，总有这样一些人，说话口无遮拦，不小心就伤透人心，让人下不来台，或许这些话是实话实说，用这样的方式与人交流的人本意其实也不坏，但这种不顾及他人感受的说话方式实在令人厌恶。即使是贴了标签的“好好先生”“好好小姐”，也会用最快的速度结束交流。

你只是动了动嘴皮子，就能往他人心上扎一刀，你满脸不在乎，可那个被伤的人心在滴血。正如秦欣，她自诩直爽，从不去体察他人的情绪，说话时也从不思考，想到什么就说什么，即使察觉到别人的尴尬，也不懂得适可而止。因此，大家才远离她，她也无法与同事好好相处。

其实，有些人明明意识到自己说的话已经引起别人的不愉快，却还将这当作真性情、不虚伪、不做作的体现。殊不知，真性情是感情上的直来直往，而不是嘴巴上的口无遮拦。

现在请自我反思一下，你说话时是不是爱以自我为中心？你说话时是不是不经思考开口就说？你说话时是不是只顾着将自己的想法说出来，却从不理会别人愿不愿意去听？

每个人心里都有自己的底线，每个人心里都有不想被踩的痛脚，即便是平时比较随和的人，也有自己的尊严和面子。与人沟通并不仅仅是说话，它是一门很有技巧性的学问。懂得沟通的人，说话前往往会三思而后行，会顾及对方的感受，会考虑别人的难处，以免给他人造成不必要的伤害。

一个人如果真的关心另一个人，那么无论做什么、说什么，必然都会顾及对方的感受，懂得换位思考。心中究竟抱有的是善念还是恶意，是可以从言语里感受到的。语言的表达方式有很多种，即便是同样的意思，也完全可以用许多不同的方式来进行表述，而不同的表述方式所带给别人的感受自然也是不尽相同的。

所以，若你真心想要提醒或规劝别人，若你的言语全然是出自于对朋友的关心和担忧，那么为什么不能用一种更容易让对方接受的方式来把你的提醒或规劝说出来呢？要知道，真正的善意应该建立在相互尊重的基础上，而不是由着自己的性子，想说什么就说什么，丝毫不体谅听者的立场与心情。

《欲望山庄》中说：“柔软的舌头，可以挑断一个人的筋骨，语言有时候比暴力更能伤人。”

所以，说话前多动动脑筋，管好自己的嘴巴，即使做不了天使，也请不要与恶魔为伍。

## 闲谈莫论人非，人缘才不会差

“长舌妇”“说三道四”“七嘴八舌”……看到这样的词语，很多人脑海中会立即呈现这样的画面——几个人坐到一起，天南地北地说个不停，谁的男朋友很帅、谁要被公司裁员了、哪个商场近期打折、谁最近遇到什么烦心的事情了，等等。

人长着嘴本来就是说话的，这是人与人之间语言交流最基本的功能。但闲来无事，论人长短，这是一件十分愚蠢的事情，因为这样的人往往会遭人嫌弃，甚至令人厌恶。

在一个小镇上有一家小超市，老板娘个子高高的，脸圆圆的，看起来很是可亲。但只要是认识她的人都知道，她有一个“长舌妇”的绰号，因为谁的事情都逃不过她的眼睛。东家的新媳妇和婆婆吵了几句，西家的孩子考试不及格，她全部都知道，而且只要她知道了，全镇上的人都会知道。

为什么“长舌妇”什么都知道呢？神奇的是她的嘴巴，她的嘴巴拥有让东家和西家以及任何一家都关不上门的魔力。比如，邻居家的小妹失恋了，心里很难受，她一见了，立马就像查户口一样，开始揪着小妹问东问西，务必要把男方各方面都了解清楚，弄得对方非常尴尬。不想再搭理她，她依然伸长着脖子，一个劲儿地东一句西一句地探听着，让对方本就糟糕的心情变得更加糟糕。

当然，镇上明事理的人都不愿意接近“长舌妇”，后来她还因为搬弄是非被人打断了一颗门牙，打她的是她家的邻居。邻居刘哥一直在外面打工，刘嫂一个人在家带着三岁的女儿，一天，刘嫂的母亲半夜死了，娘家兄弟前来给报丧事，结果“长舌妇”说人家不贞洁，刘嫂气得大病了一场。

至今，“长舌妇”断了的门牙还没补，说话的时候还会漏气。

我们都知道“闲谈莫论他人非”，那么，为什么有人那么热衷于说别人的闲话，总爱听“八卦”事件、喜欢说别人的是非呢？大体来说，这有三个方面的原因。

好奇心驱使。有人喜欢讨论周围人的事情，纯粹是为了满足自己的好奇心。

满足虚荣心。每个人都有被重视的需求，有些人之所以喜欢“长舌”，很大程度上是渴望得到别人的关注和同情，如果无法通过工作来满足，就通过制造话语权来证明自己的存在感，产生一种“我很重要”的价值感。

宣泄情绪。通过述说别人的“遭遇”，借机宣泄心中的情感，发现别人的错误常常能让他们对自我的感觉好一些，同时通过与别人的“不幸”做对比，来平衡失衡的内心，比如会想“至少我比他的情况好多了”。

记得某位有才学的人说过这样一句话——“聪明的人因为有话要说而说话，愚蠢的人则为了必须说话而说话。”这句话我们应该始终铭记在心，我们也许不能成为一个聪明的人，但也要努力不去做一个愚蠢的人。这里很关键的一点就是，切勿张家长李家短随意说人闲话、论人是非。

有时候你会避免谈论别人，但往往别人会主动地找上你，这时，最好的方法便是拒绝加入其中。人只要能管好自己的嘴巴，便什么也不会失去。

关于这一方面，安昌就做得非常好，值得我们学习和借鉴。

安昌是某高校的一位教授，也是一个深受欢迎的人，只要他人到哪里，哪里就响起欢声笑语。他听见别人东家长、西家短绝不附和，凡有不纯动机的便转移话题。

有一次，儿子急急忙忙地跑到安昌跟前，说：“爸爸，我有个消息要告诉您……”

“等等，”安昌打断儿子的话，“你要告诉我的消息是真实的吗？”

“不知道，我是从街上听来的……”儿子解释道。

安昌摇摇头：“你要告诉我的消息如果不确定真假，至少也应该是善意的。”

儿子踌躇地说：“我不太确定……”

安昌又打断了儿子：“我要问你，使你如此激动的消息重要吗？”

“不算重要。”儿子不好意思地回答。

安昌意味深长地对儿子说：“既然你要告诉我的事，既不真实，也非善意，更不是重要的，那么就别说了吧！如此，那个消息就不会干扰你和我了。”

人生很短，不要把生命浪费在闲言碎语上。

管住自己的嘴，别人的议论听着就是了，能不插嘴就不插嘴，更别把这当成谈资与八卦。当你不对别人品头论足，评判是非曲直的时候，就不会惹祸上身，就不会导致人与人之间关系上的冲突和障碍，怨恨就会远离自己。所以，人还是严于律己的好，时刻牢记古训：“静坐常思己过，闲谈莫论人非。”

## 不要滔滔不绝，达意则灵

说到沟通，不少人存有一个误解，总认为话多的人沟通力就强。

其实不然，话说多了有什么好处呢？比如池塘里的青蛙整天整天地叫，弄得口干舌燥，却从来没有人注意它，人们还嫌弃它过于聒噪。但是雄鸡，只在天亮时叫两三声，大家听到鸡啼就知道天要亮了，于是都注意它。所以话不在于多少，而在于是否有用。话不多，但很有分量，才算真正的沟通力。

没错，话不在于多，而在于精。

与人沟通时，我们总能看到一些人，不管什么时候都只顾着自己说着痛快，不停地说着，他们唠唠叨叨没个完，却句句不着边际，即便说再多的话也没有任何用处。这些人虽然说了很多的话，可不一定是沟通力强的人，因为他们只顾着自己过嘴瘾，而不管别人是不是愿意听，只会招来别人的反感。

有一次，季希被邀请参加一个宴会。这次宴会是行业内规模最大、水准最高的，季希希望自己能借机了解到一些最新的行业消息，便答应前往。但事实上，季希平时是一个非常不喜欢参与聚会的人，尤其讨厌各种聚会开始之前那些冗长的发言。在他看来，那简直像老太婆的裹脚布——又臭又长！

到了宴会的那天，不出所料，主办人先走上台，发表了一通冗长又煽情的贺词，对各位到会者表示了欢迎，不知不觉二十分钟过去了，渐渐地，季希感觉有些无聊，再看看旁边的友人，也似乎有些昏昏欲睡，又过了十几分钟，主办人宣布道："现在，请我们著名的企业家高先生为本次大会致开幕词！"

在众人的掌声中，高先生快步走上了演讲台，就在季希以为又是一顿长篇大论、后悔参与这次宴会的时候，只听高先生快速而清晰地说了一段话："敬业与创新、改革与发展，这是我对这次大会的期望，我想把时间留给后面更精彩的部分，现在我宣布会议正式开始。"这句话简短有力，可以说是最佳的开幕词。因为他一语中的，去除了很多套话、官话，也体现了人性的魅力所在。

多说话的人不一定沟通力强，沟通力强的人不一定多说话。尤其是在当前时代中，话不在多，达意则灵。有些人说起话来从不会天花乱坠、连绵不绝、长篇大论，而是能够做到语言简明扼要，每个字都能掷地有声，句句都能说到点子上，这样的人才算真正懂得沟通的技巧，才会讨人欢喜。

为了更清楚地说明，我们再来看下面这两句话：

"徐朗这个人做事的时候，总是不能掂量自己的力量和本事，做一些力所不能及的事情，这是行不通的。"

“徐朗这个人做事总是不自量力。”

显然，第二句比第一句更精练，更具总结性，而且掷地有声。

谨言慎行，乃君子之道。许多时候我们必须开口，但重要的是，我们要有足够的自律来控制自己的言行。要“过滤”出最精辟的语言，减少废话的概率，减少啰唆的概率，使自己的语言简洁明快，恰如其分地表达出自己的意思，要能使每一个倾听者在较短的时间里，收获到较多有用的信息。

当你学会适时地闭上嘴巴，做到字字珠玑、言简意赅的时候，这往往会使你变得有涵养，你也就能快速获得别人的好感、赢取别人的信任。如此，你更有机会驱使他人做你希望的事，拥有更多最终得胜的机会。

## 嘴上抢风头，事后栽跟头

阿雅是一所重点大学的高才生，毕业后来到一家广告公司做策划，她这个人颇有能力，思维敏捷，善于创新，领导交代的任务，每一次她都能出色地完成，阿雅很是骄傲，走到哪里都是一副趾高气昂的样子，说话时也总是情不自禁地炫耀。

比如获得了公司的表彰，阿雅这样发言道："我的成绩大家是有目共睹的，成绩的取得就在于我凡事都不会只看表面现象，我喜欢走一步想三步，这是我最大的优点。"大家集体讨论策划方案时，阿雅对同事们的提议总是不屑一顾："你这个实在没有什么新意，技术再好，做出来的东西也跟搞笑网剧一样，看来你以后得多跟着我学习。"……

阿雅本以为自己只要做好工作就好了，但是麻烦接踵而至，先是有些老员工讥讽阿雅："这刚来几天，她就开始在公司耍大牌，当是在自己家里呀，真是不知天高地厚"；后来领导又找阿雅谈话，尽管语气很委婉，阿雅心里还是不是滋味："你还年轻，有了成绩不能骄傲，否则就会犯大错……”

人际关系异常脆弱，工作上的配合度越来越差，这让阿雅身心疲惫，“为什么大家都不喜欢我？这问题应该不在我自己身上，是同事们太嫉妒我了，才要尽量远离我。”

看到这里，你明白阿雅不受欢迎的原因所在吗？真是因为她自身太优秀才被孤立吗？其实，这一切都是她咎由自取。她言语过于高调，喜欢自我炫耀，讲起话来拿腔拿调，表面上看似风光无限，可谁愿意看她自傲的样子，谁爱听她夸耀的言论？只会对她嗤之以鼻，敬而远之罢了，我们一定要引以为戒。

在沟通的过程中，人的心理是很微妙的，每个人都希望得到别人的认可和重视，如果你一味地表现自己，抬高自己，甚至不惜打压、贬低别人，来突出自己的优越感，显然是对别人的一种无视和无礼，如此德行有亏，又怎么可能获得他人好感呢？事实上，这样的人往往人缘很差，步履维艰。

这正验证了一句俗语：“嘴上抢风头，事后栽跟头。”

美国现代成人教育之父戴尔·卡耐基也曾指出：“如果我们只是要在别人面前炫耀自己，使别人对我们感兴趣，我们将永远不会有真实而诚挚的朋友。”

不想让自己成为无知的笑话，那就应该在沟通时保持言语上的谦和，不逞能、不显摆、不自以为是、不锋芒毕露。山不解释自己的高度，并不影响它耸立云端；海不解释自己的深度，并不影响它容纳百川……

古希腊著名的哲学家苏格拉底可以说学识渊博、智慧超群，在他面前，没人会不知好歹地自称智者。然而与人交谈时，他说得最多的一句话就是："我唯一知道的就是我自己的无知。""力学之父"牛顿也曾说过："我只是一个在海边玩耍的孩子，偶尔高兴地捡到一块美丽的贝壳，但真理的大海我还未曾发现。"

人外有人，天外有天，伟人尚且如此，我们又究竟有多特别呢？

天明是一位优秀的电台主持人，主要负责的是一期采访节目。在五年的职业生涯中，他曾采访了上千人，这些人既包括平凡的老百姓，也包括社会顶端的企业家，虽然他掌握着采访中的主导权，但他的言语从来都是谦和的，声音总是温和的，总是不慌不忙地把自己的观点一一道来。

有人质疑过天明："你说话的风格太过温情，缺少硬朗、尖锐的一面。"

天明却不以为然："在语言上压住嘉宾是很容易的事情，但这不是我的风格，嘉宾来做节目就是我的客人，我必须以礼相待。"

的确，天明说话的时候，那种自然温和的气质，总能让人放松下来，轻松化解对方的戒心，一些嘉宾会滔滔不绝地讲，很愿意把故事告诉他。其中一位嘉宾如此评价道："我一见到他就知道怎么说话了，他的声音具有一种亲和力，而这种亲和力能够影响我，让我立刻找着知音的感觉，忍不住与之交流。"

言语谦和的人之所以受人喜爱，就是因为他们在谈话时重视别人的存在，关注别人的感受，由此很容易使人给出有素质、有修养的高度评价。

无论你的沟通对象是谁，保持语言上的谦和，给对方一种被关注、被重视的感觉，就是满足了对方最强烈的渴望，在此基础上，你想走进对方的内心，将不再是难事。

在这一方面，大家看看本杰明·富兰克林的自传就会知道，他也是言语谦和的典范。他曾说过这样一段话："我立下一条规矩，绝不正面反对别人的意思，也不让自己武断，我甚至不用那些代表绝对的词和表达方法，比如肯定、毋庸置疑等，取而代之的是我感觉、我理解、我想。当别人做出我认为错误的断言，我不会马上反驳，而是对他说，在某种情况或环境下，他的说法可能是正确的，但现在的情况不是这样。这种做法让我尝到了甜头，我参与的谈话都变得很愉快，意见让人很容易接受……”

## 说话爱抬杠，你就是冷场王

生活中总有这么一类人，不管你说什么话题，他们总要不分青红皂白地反驳；明明你说的是普遍现象，他们偏要用片面的小例子和你抬杠；有没有理不重要，只要能让你哑口无言，他们便心满意足。他们仿佛不管事情的对错，专门为了挑刺而挑刺。他们，就是我们生活中常遇到的“杠精”。

老孙还有一个月就要退休了，但还是总想与人争个高下，得理不饶人，正反都是他的理。他最得意的事就是与人争论，争论之后的那种愉悦心情简直没法形容，他把“抬杠”当成了绝活，这大半辈子的快乐都在这上面。

比如，同事们在聊一部非常搞笑的喜剧电影时，老孙会说“你们这就觉得好笑？这电影太无聊，我看十分钟就看不下去了。”听到刚入职的 90 后小芸评论某个明星长得好看时，他会说“长得好看又怎么样，能当饭吃吗？”小鹏说“今天天气好，阳光很充足”，老孙又会说“有什么好，太刺眼”……

这天，老孙又像往常一样进办公室就点了一根烟，小芸说：“孙主任，您少抽点烟吧，吸烟有害健康。”这一句话使老孙一下兴奋了，他喝了口枸杞茶，吐了个烟圈说：“小姑娘，你太年轻了，只会听人说吸烟有害健康，你亲眼看到了吗？你看咱们科退休的马科长，今年已经七十多了，一天一包烟，还有老钱，不也是烟不离手吗？谁健康有问题了？你还年轻，不知道，人这一辈子，最重要的就是开心。”

小彭平时也喜欢抽烟，听到这番谈话后，笑着说：“小芸，你不懂，吸烟哪里有害健康了，我也喜欢抽呢！”这时，老孙又对小彭说：“你可不能教坏人家小姑娘，抽烟对身体没好处的，你没看见烟盒上写着‘吸烟有害健康’的话吗？什么也不懂！”他把手里的烟一掐，得意地继续说道，“我早就想戒了。”

小彭冲小芸笑笑，小芸摇摇头也笑了。

总之，不管别人说什么，老孙都会跳着脚站出来反驳回去。如果你继续反驳，那么他的精神来了，会与你死磕到底；但假如你不反驳，接着他的想法说下去，他还是会站在对立面，与你争个你死我活，让你成为他的手下败将，他将从中得到快乐与自信。

老实说，生活中这类人不在少数，和这样的人沟通时，我们会感觉特别累，因为他们总会拿着放大镜在你说的话里寻找可钻的漏洞，然后挑起事端，让你防不胜防。他们的强大之处就在于他们不光会抬杠，而且抬得又快又准，不管你前一秒多开心，他们一张嘴，就能瞬间把你的开心抬得烟消云散。

的确，爱抬杠的人已经习惯了说“不对”，目的就是通过这种否定别人的方式来凸显自己，殊不知，这不是口才好的表现，更不是聪明的体现。虽然有时候以“抬杠”为乐子，可能是一种玩笑，但总会让人觉得不妥，言语之中也会使人产生不愉快、不舒服之感，这样的结果只会让他们的人际关系越走越差。

佟先生是一位学识特别渊博的教授，他非常和蔼可亲，人缘非常好，但凡认识他的人，几乎就没有不喜欢他的。在和别人交流的过程中，他有一个特别美好的小习惯，那就是不管交谈的那个人说了多么令人匪夷所思的话，他的第一反应必然是诚恳地说一句：“对。”然后指出他认为这些话中哪些部分是值得肯定的，哪些部分有问题，然后逐渐铺陈开，讲述他自己的意见。

对此，有学生曾提出自己的质疑：“教授，有些人的观点明明有不妥当的地方，您为什么不立刻反驳对方呢？”

佟先生轻轻地笑了笑，目光望着远方，娓娓说道：“我从来不屑于与人抬杠，但凡我已经认准的事情，不想被别人的意见所左右，所以完全没有必要和别人抬杠。再说了，我也没有那份闲工夫和别人抬杠，试图说服一个人是很难的，纯属浪费时间，没有任何意义，甚至很可能影响自己的心情。”

“对”，只是一个字，却在第一时间给对方留下了极好的印象，把对方拉入了你的“阵营”，从心理上首先攻克了对方。接下来，即便你再开始陈述完全不同的意见，想必有了先入为主的好印象之后，对方也不会产生太大的抵触心理，反而可能会认真考虑，甚至接受你的意见，这是抬杠抬不来的。

这便是沟通的艺术，试想下，没有一个人喜欢被别人否定吧？常常想着怎样批判别人的人就像一只刺猬，只要别人靠近，就会被他的刺扎跑。给予别人肯定，是一种说话的艺术，往往“对”比“不对”更难做到。所以想要赢得良好的人际关系，成为受人欢迎的沟通对象，就要学着不要与人抬杠！

最后，送大家一句话：人人不抬杠，开心你我他。

## 总说负面话，和谁关系都不融洽

说到不受欢迎的沟通方式，通常我们想到的总是那些刻薄、伤人的话语，懂得沟通艺术的人也会避免说到它们，但即使是这样，有人依然懊恼和别人的沟通为什么总是达不到效果，反而让对方产生了抵触心理，甚者关系出现裂痕？那是因为，我们没有觉察到在沟通中使用了隐藏的“语言暴力”。

这种隐藏的“语言暴力”就是负面的话语，有些人总是不自觉地说负面的话语，说起话来总带着不满意的口气，这样的人也是不会受欢迎的。

万柯参加了一次高中同学的聚会。席间，一群校友闲聊，大家发现当年非常优秀的文南现在混得十分落魄。那时，文南高大英俊、智商超群，可谓全校闻名，是无数人的偶像，他是带着各种奖项毕业的，在大学中他也是备受青睐，拿遍了学校的各种奖项。但是自从毕业后，他的人生就像是跌进了谷底，同期的好多同学已进入所在公司的管理层，可他工作换了一个又一个，现在还在一个小单位中过着朝不保夕的日子。他的家庭生活也很不如意，与结发妻子离了婚。

对此万柯一直充满了疑问，不过通过这一顿饭的时间，他大概对其中的原因也有了一些了解。文南的能力的确不俗，但只要他一开口，整个谈话气氛便会变得冰冷起来。

比如，同学们难得聚在一起，本来高高兴兴的，但没聊多久，文南就开始喋喋不休地向大家大吐苦水。年轻人都有哪些苦水呢？其实无非就是有些同事凭什么晋升得比自己快，工作上同事给自己穿了一次小鞋，为了保全职位不得不学着拉拢同事，等等。起初万柯和另一个同学还经常安慰他，不必为这些事计较，但是他不听，后来大家只能默默地听着，该吃吃该喝喝，不做任何发言，因为该说的话已经说了，以致完全不知道该说什么了。

其间，万柯留心统计了下，文南接下来说的话几乎都是负面的。

例如，几位做网络的同学讨论自媒体如此火爆，他们也打算搞一搞时，文南立马摇摇头说：“自媒体？我告诉你们，那都是些歪门邪道，做那个的人简直就是不务正业的‘抄袭狗’，没有什么技术含量。何况，你们并非专业出身，做也做不好，趁早还是放弃这种想法吧。”同学们尴尬地笑笑，不再说话了。

这时，一位做微商的同学说：“其实我觉得现在网络这么发达，成就了一批人，你们看我现在做微商就比较成功。入门简单，就是辛苦些。”文南皱皱眉，又说道：“做微商其实就和传销是一样的道理，靠着拉人头提业绩，只有那些傻得没事干的家庭主妇才会上当受骗。我是从不在微信上买东西的，都是假的。”说完他还哈哈大笑起来，现场也只有他在哈哈大笑，在座的每一个人都觉得尴尬。

聚会结束时，一位从事房地产的同学给大家送了名片，请大家有空去看一下他公司新出的楼盘，文南接过名片说："你公司现在名气还挺大，不过等政府出台政策，房价一跌，你就只有哭啦！要我说，你还是趁早改行，做做其他事业吧。"做房地产的同学冲大家僵硬地笑笑，停止了发放手上的名片。

这次同学聚会，每个人吃得都很不舒服，简直一言难尽，大家都不想再与文南谈话，因为可能不知道哪句话就会招来他的一瓢"冷水"。

为什么大家都不喜欢文南？为什么他在生活中处处不如意？原因就在于他只说负面话，他否定做新媒体的人，只看到了新媒体的抄袭，没看到人家是怎样费尽心力地搜集素材，揣摩别人心理；他否定微信营销，只是看到了一部分微商的错误做法，而没有了解微商们整合营销资源的辛苦；他否定房地产，只是看到了国家出台的对部分地区的调控，而没有看到国内房地产未来的供求关系。

总说负面话，和谁关系都不会融洽。

这不难理解，人都是有情绪的，而情绪也是会传染的。回想一下，你对微笑有什么反应？向对你赞许的人有何表示？你肯定会高兴，报以微笑，并且非常和善地和对方交流；而面对一个愁眉苦脸的人，一个总说负面话的人，你又有什么反应？相信你的心情也会变得低落起来，甚至无端地生出诸多愁绪。

可见，无论是好情绪或坏情绪，当我们面对别人的时候，我们自己的情绪或意识也会发生微妙的变化，展现在肢体和生理反应上。

静静反思一下，为什么受伤的总是你？你抱怨自己被生活弄得支离破碎，你抱怨你的生活七零八落。其实，一切原因只是在于，你的言语之中负面的东西太多。说负面话很容易，只需要找到你认定的缺点便可以轻而易举地脱口而出，但话说出来是让别人听的，没有人喜欢总和一个“愤青儿”聊天。这种愤世嫉俗的说话方式会给别人造成很大压力，又怎么能建立一个和谐的沟通关系呢?

而一个人之所以处处逢源，就在于他很少将负面的话挂在嘴边，并善于在内心将恶性的情绪转化到良性的轨道上来。

杜大婶的婆婆半身瘫痪多年，她每天除了买菜做饭，收拾家务之外，剩下的时间就是给老人喂饭、擦身、换洗衣裳等。患病的老人身子重，忙完这一切她常常累得满头大汗，浑身散了架似的。杜大婶的老公并不是独子，还有一个哥哥，可从不帮忙照顾，只是偶尔过来看一眼，对此杜大婶从不抱怨，逢人笑呵呵。

有邻居替杜大婶打抱不平，她笑笑说，“他们工作都太忙，我又没事，再说了家里有个老人多好！”说得轻松，其实所有人都知道她的不容易，只不过她从不在言语上表达罢了。

其实，杜大婶以前也曾烦恼过，经常指责老公的不好，也会哭诉婆婆的不公，可是很快她发现这改变不了现状，只能让自己更痛苦。“以前我经常说负面话，但却发现，这种万事皆不如意的心态，让人很难找到舒心满意的共同语言，人们常常会避而远之，最终会让自己成为难以与人相融的孤家寡人。”

“现在不一样了，”杜大婶笑着解释道，“现在我经常和自己说积极的话，也提醒自己去关注好的一面，比如‘家有一老，胜过一宝’‘好人有好报’等。这是一种积极的说话方式，现在的我快乐多了，也更受欢迎了！”

杜大婶心态好，精神好，人又孝顺，而且和她聊天非常愉快，她成了所在小区出了名的好人缘，老人喜欢，孩子喜欢，同龄人也喜欢。

而且她的付出家人全都看在眼里，老公更加体贴，回家后抢着分担家务；儿子在她耳濡目染下，小小年纪就孝顺懂事，大概看母亲辛苦，学习也从不让她操心，一直品学兼优。

其实生活原本就是这样，酸甜苦辣尽在其中，不见得谁比谁幸运多少。但少说一些负面话，多说一些积极话，会带给人一种愉悦感和舒适感，让大家的心境都明亮开朗起来。这样的人，即使不优秀，也让人非常想靠近，所以，别再对自己和他人说负面的话了，用言语去宣告胜利吧。

# 第三章
# 生活如此枯燥，有趣有料，才有聊效

生活中不能缺少幽默，幽默能够帮助我们摆脱麻烦，化解尴尬，连接快乐。一个有趣的人，也许只说简单的几个字，就能产生非同一般的影响；拥有幽默口才的人，无论走到哪里，都能令人欢喜，笑声满堂。

## 练好幽默力，一语顶千言

生活中，幽默能够使一个人豁达超脱，朝气勃勃；人际交往中，幽默能使一个人更加平易近人，更加具有影响力，很多时候还能够帮我们打破僵局，摆脱困境。可以说幽默是每一位成功人士必备的素质，也是人与人之间沟通交流最好的催化剂。

我们都会有这样的体会：有时候，沟通中难免会遇到冲突或拒绝，沟通的对象钻了牛角尖，你苦口婆心、口干舌燥说半天，把利害关系、重要性、必要性、危险性扯一大堆，晓之以理动之以情，对方还是听不进去，一副八匹马也拉不回来的样子。

这个时候，我们不妨想想有一位高人说过的一句话："严肃的问题，可以用轻松的方式来解决。"如果换个方式，采取风趣幽默的语言和方式，顺着对方的思路往下说，再分析出可能出现的荒唐可笑的后果，不仅可以缓解沟通气氛，而且还能够在潜移默化中影响对方的想法，然后峰回路转，使得沟通能够顺利进行下去。

在《史记·滑稽列传》中，司马迁记载了秦朝时一个叫优旃的御用伶人，也就是今天的戏曲表演人员，专门负责给皇帝表演。这个人本身是个侏儒，他的特殊之处在于一张嘴能说会道，尤其喜欢搞笑，常把皇帝逗得哈哈大笑。不过，他之所以被司马迁写入《史记》，并不仅仅是因为这个，而是因为他常常在搞笑之余，把一些道理用幽默的方式讲出来，暗含劝谏，这也是他真正的过人之处。

据说当年秦始皇曾计划扩大皇家园林和狩猎场，东到函谷关，西到现在的宝鸡，相当于八百里秦川全都成了皇家的禁地，供皇帝游乐打猎。如此奢靡的举动，引得大臣们纷纷议论起来，虽然心里反对但又不敢提出，因为他们知道以秦始皇的脾气，一旦说错了话，很可能立刻就会身首异处。

而这个优旃却恰恰相反，他站出来大力支持皇帝的想法，用他独特的风格侃侃而谈，说："这个主意真不错，这么大的园林，我们可以多养些奇珍异兽，帮我们守卫边疆。如果东边来了敌人，我们就让麋鹿用犄角顶他们，如果西边来了敌人，就放出老虎把他们统统吃掉！这样一来，我们连军队都省了，简直妙极了！"

秦始皇听了忍不住大笑，笑完之后一想，这事儿确实也有点不靠谱，于是就搁置了这个劳民伤财的计划。

到了秦二世胡亥在位期间，有一天皇帝心情大好，突发奇想，打算把咸阳的城墙都刷上彩漆，好好地装饰一下。这样一来，咸阳就显得更加富丽堂皇，简直"高大上"啊，他不禁为自己这个想法暗暗叫绝。

在当时，先不说劳民伤财这件事，就只说需要的彩漆数量，就已经是天文数字了，大臣们都觉得荒唐，但是谁也不敢出声否定皇上的意思。

这时又是优旃站了出来，他用夸张的语气说道："很好。我跟皇上您想到一起去了，我也早就在考虑这件事情。用油漆粉刷城墙虽然劳民伤财，但这是形象工程，很漂亮啊！再说，把城墙刷得光溜溜的，敌人来了也爬不上来，咱们连守卫都省了。只是有一件事不好办，刷漆之后得阴干，得造一所大房子能把四面城墙都遮盖住，咱得先造这样的大房子。"

哪有能装下四面城墙的大房子呢？这不是开玩笑嘛，秦二世想了想也觉得很荒唐，于是便取消了这个打算。

在别人看来关乎身家性命的进谏，就这样被一个擅长幽默搞笑的伶人给轻描淡写地解决了。生活中我们一定也有这样的体会，有些人就是擅长用轻松幽默的方法去解决困难、严肃的问题。他们说话幽默诙谐，沟通时既轻松愉快，能拉近与对方的心理距离，创造一种和谐融洽的谈话氛围，又不至于把场面闹僵，给对方留足面子，正所谓"谈笑间樯橹灰飞烟灭"，再困难的事情到他们口中都会迎刃而解。

在台湾著名主持人吴宗宪主持的一档选秀节目中，四位参赛的美女选手表演了一段舞蹈，可能是因为紧张的缘故，有两位选手在跳舞的过程中出现了一些小失误。结束之后，几个姑娘觉得自己的这次表演演砸了，都相当局促不安，有一位甚至还抹起了眼泪，现场的气氛也变得尴尬起来。这时，主持人吴宗宪站出来说了这样一番话：

"虽然你们当中有人出错了，但一切都没关系。而且我觉得，刚才你们失误的那个动作，反而表现出了你们可爱率真的一面。表演大师卓别林说过：'全世界最精彩的演出，就是出错的那一次。'这句话用在这里再合适不过了。”

几位姑娘被吴宗宪的这番话逗得破涕为笑，现场尴尬的气氛顿时一扫而空。

在表演过程中出现失误，姑娘们心里肯定很不安，而吴宗宪巧妙地借卓别林一句名言安慰开导她们，说她们出错的样子是全世界最可爱的。如此贴心体谅的话语，如此机智幽默的救场，可谓是一语顶千言，这也正是幽默的力量所在。

很多时候，在沟通中对方因为你的幽默而对你刮目相看时，你沟通成功的机会就会大大增加。但一定要切记，幽默不是简单地说一些俏皮话，而是要以高雅为依托，讲究场合、注重对象，合情合理地释放你的幽默细胞。如果你足够聪明，就会清楚地知道依靠幽默能使沟通变得更顺利，更富人情味。如果你希望在与他人的沟通中更加受欢迎，并且有所成就，在生活中立于不败之地，那么，你就应该学会运用幽默，和他人一同分享欢笑。

幽默是沟通成功的法宝。运用幽默的力量，我们就能通过成功高效的沟通，走上成功的道路。可以说，一个不懂幽默的人，总是会面临更多的尴尬和冲突。无论是演讲推销还是日常交谈，让自己变得更幽默一些，不仅能顺利地完成任务，还能结交一些知心朋友。总之，在人与人之间的这场博弈中，富有幽默感的人总是略胜一筹。

## 跟陌生人套近乎，要懂幽默的技术

我们都会有这样的体会：当与陌生人沟通时，难免会产生紧张的情绪，不知道如何搭讪和打开局面。很多时候由于拘谨，导致说话方式过于生硬，给人留下不苟言笑的第一印象，那么气氛就会更加拘谨、紧张，沟通就会更难进行下去了。

这时候，幽默就是最恰当的方式了。可以说，幽默是陌生人之间打开局面拉近距离的最好方式。我们都会有这样的切身体会：如果和幽默的人交谈，我们就会有一种轻松、愉悦的感觉，让人更愿意和他说话。因为，他可以让沟通的气氛变得活跃起来，从而给进一步良好的沟通打下好基础。

美国作家马克·吐温创作了无数幽默、有哲理的小说，而他本人也是非常幽默的。有一次，他来到了一个小城镇，住在了一家小旅馆中。他曾经听一位朋友讲过，这里的蚊子非常多，咬得人根本无法安心地入睡。

马克·吐温对此将信将疑，但是当他在前台办理入住手续的时候，就发现这里的蚊子确实很多，而且还有一只超大的蚊子在他眼前飞舞着，好像是在向他示威。

店员看到这样的情形，立即前来驱赶蚊子，并且对他表示了歉意。而马克·吐温耸耸肩，微笑地说：“没有关系。不过，我觉得这里的蚊子非常聪明，它竟然想要偷看我的房间号码，肯定是想要在晚上饱餐一顿，我可要做好防范措施了。”听了马克·吐温的话，店员们都哈哈大笑起来。

当天晚上，马克·吐温本来做好了被蚊子咬的准备，可出乎他意料的是，那一夜他睡得非常好，竟然没有发现一只蚊子。事后他才知道，原来那些旅馆的店员为了不让自己被蚊子打扰，竟然一直在门外驱赶蚊子，整夜都没有休息。

马克·吐温之所以得到这些陌生人的厚爱，关键就在于他用幽默的语言表达了自己的善意，成功地化解了店员的尴尬。而正是因为他的幽默和宽容，使得他获得了良好的睡眠环境，并赢得了一群忠实的朋友……试想，如果马克·吐温严厉地指责店员，说他们这里蚊子太多，要求他们必须驱赶干净，那么就很难得到这样的结果了。

所以，幽默是一种最生动、有效的沟通方式，可以让你轻松地解决问题，并且赢得更多的朋友。就连美国知名幽默杂志的主编雷格威也有这样的看法，他说：“原始人见面握手，是表示他们手上不带武器；现代人见面握手，是表示我欢迎你，并尊重你；而用幽默来代替握手，则是更有力地表示我喜欢你，我们之间有着可以共享的乐趣，如此陌生人成为朋友只需一分钟。”

通常来说，人与人之间第一次见面，潜意识中不知道对方是敌是友，出于生物本能，大脑会提醒我们一直处于警戒状态，就相当于两个人都保持着默认敌对的态度。

这个时候，一旦有一方以幽默的方式试图交流，另一方就会感受到警戒状态解除的放松，自然而然就会改变自己的态度，内心的潜台词就是：哇，没有危险了。于是两个人就可以进入轻松的交流状态。

事实上，把陌生人变成朋友，并不是那么困难的事情。只要我们学会幽默的沟通方式，让对方见识到自己的幽默、宽容、友善，那么就可以迅速地消除对方内心的陌生感和距离感，从而让彼此变得更加亲近起来。

公园里的儿童攀爬架前，慧慧带着 4 岁的儿子在等待另一位小朋友从攀爬架上下来，因为架子小，只能同时上一两个孩子，考虑到孩子只有 4 岁，担心有危险，慧慧特意让孩子等着架子上的哥哥下来后再上去。没想到一等等了好久，架子上的孩子玩得不亦乐乎，始终不肯下来，慧慧有心请求旁边的家长把孩子喊下来一会儿，又怕对方不高兴，一时间有些踌躇。

这时候慧慧突然灵机一动，想到了一个办法，她笑着对那位家长说："您好，能不能让您的孩子暂时回到地球上一会儿，让我儿子上去体验一下，他已经等了好久了哦。"

那个家长被"回到地球"这个说法逗乐了，说："没问题，我这就把孩子回收下来，大家排队轮流上去玩儿。"

看到对方很友善，还用了"回收"这个词来配合自己的幽默，慧慧一下子觉得对方是个非常友善的人，于是两个家长开始攀谈起来，从育儿经验聊到小学的选择，再聊到将来辅导作业和报辅导班，俨然成了朋友，开心得不得了。

这种用幽默打破与陌生人之间僵局的例子，其实在我们日常生活中随处可见，这不仅是一种沟通技巧，更是一种与人为善的处事态度，拥有这种态度的人，无论到了哪里，都能够快速与他人打成一片，瞬间拉近距离。

我们常有这样的体会，在身心疲劳心情糟糕的时候，即便是不相识的陌生人，只要一句幽默话，一个风趣故事，就能使自己笑逐颜开，疲劳顿消。比如在公交车上，经常会因拥挤而发生争吵，任凭售票员“不要挤”的喊声扯破嗓子，也仍无济于事。这时候，忽然有一个小伙子大声嚷道：“别挤了，再挤我就变成相片啦！”瞬间车厢里爆发出一阵欢乐的笑声，人们马上便把烦恼抛到了九霄云外。

从心理学的角度来讲，即使是陌生人，如果能为同一件事开怀大笑，就表示他们有共同的生活经历、态度或信念。而依据“人际关系吸引理论”，人们潜意识中会喜欢拥有相似态度或价值的人。因此，同时为某件事而笑，可以说是发展友谊的第一步，在我们面对陌生人想要拉近距离的时候，请一定不要吝惜你的幽默！

## 无厘头式逗趣，荒诞却皆大欢喜

如今这个信息碎片化、段子满天飞的时代，大部分人都已经对各种抖机灵和幽默笑话高度免疫了，这是个讲究“创意”的时代，只有那些充满创意的有趣灵魂才能吸引到别人的注意。幽默也是如此，网络时代，人们的笑点也大大提高，因此我们需要更加有创意的幽默才能在沟通时顺利地调动气氛，在这样的背景下，一些别出心裁、看似荒诞的无厘头笑话反而能起到意想不到的幽默效果。

一家大公司进行招聘，竞争非常激烈，应聘者中人才济济，随便翻开一份简历，都是写满了各种各样的名牌大学毕业和获得的荣誉。经过海选和笔试，人事部门一共选出了十一个人参与最后的面试。面试由公司总裁主持，他将在这十一人中选出最终的六人。

可让总裁感到奇怪的是，出现在面试现场的共有十二个人，于是他开始用点名的方式确认名单，每点到一个，就有一个人说“到”。最后只有一名男子没有点到名字。总裁看了一下男子的笔试成绩，发现他的笔试成绩排在前几位，又看了一下简历，发现淘汰的原因是不符合海外留学人员的条件。

总裁正在迟疑要不要立刻请这名面试人员出去，这时，那名男子忽然站了起来，说道："总裁先生您好，首先我要为我的唐突道歉，因为我在笔试之后就被淘汰了，原因是我没有海外留学的经历。但是我真的很想参加这场面试，并且我有十足的信心可以胜出。"

这次招聘的员工是要派驻国外的，有海外留学的经历非常重要。所以，在场的其他人听到男子的回答后，都不禁笑起来。总裁摇了摇头，他饶有兴趣地问男子："来这里面试的十一人，每一个人的简历都比你漂亮，能力也都很突出，你为什么这么肯定能打败他们呢？"

男子慢慢地说："因为我是一座取之不竭的金矿，我会成为给公司带来好运的吉祥物。"

他的话再一次逗笑了大家，大家觉得这个人简直自恋到无厘头的地步了。

男子对大家的笑声并不介意，继续说："虽然我的学历没有他们高，也没有留学经历，但是我有十五年的工作经验，也曾在十多家企业工作过。"

总裁点点头，说道："你的笔试成绩虽然很优秀，但是简历确实不合格，你的工作经验倒是丰富，可是，你十五年间跳槽十多家企业，也就是说你平均在每家企业干一年多就会离职。这说明你有可能缺乏恒心，单凭这一点，我也不会录用你的。你要知道，我们想要招聘的是愿意将公司当家的员工，而不是一个走马观花随时可能辞职走人的员工。"

男子听到总裁这样说，脸上露出了古怪的笑容，他解释道："总裁先生，我必须澄清一点，那就是我从来没有跳槽过，我之所以在这么多企业待过，是因为那 10 多家企业先后全都倒闭了。”

这一次连总裁都没有忍住，大家全都笑了起来。其中一个应聘者说：“这么说来，你的运气真不好，你可不是金矿，你也不是吉祥物，你是那个啥，你懂的。”

男子也笑着说：“不，我不认为是我的运气不好。相反，我认为这些都是我最宝贵的财富，我之所以说自己是金矿，正是因为这些经历。”

男子收起笑容，正色道：“我对那十多家企业很了解，我曾经与我的同事们努力挽救那些公司，可最后失败了。但庆幸的是，我从这些失败中学到了很多东西。大多数的应聘者，他们在应聘时，只会说自己成功的一面，从不谈及自己失败的一面。但我不一样，我的失败也是我的财富，我会帮助公司避免走上那些错误的道路。”

说完，他又对总裁说：“相信您也非常明白，所有成功的经验都很相似，但失败的原因却千差万别。与其用十五年的时间去学习成功的经验，还不如用相同的时间去研究为什么会失败，为什么会出现错误。这十五年的工作经验给了我犀利的洞察力。”

总裁的脸色终于严肃起来，他示意男子继续说。

男子笑着看了一圈办公室内的员工，他说：“我的洞察力究竟有多犀利呢？举个例子，这一位男士是人事主管，这一位女士是业务经理，这一位男士是总裁您的秘书。”

几个人脸上吃惊的表情证实，男子说得一点不差。总裁考虑了一会儿，宣布了自己的决定：破例录用。

按照常理，在那样的情况下，不符合面试要求的应聘者是一定会被请出去的。但是，男子不按套路出牌，用自己独特的无厘头幽默化解了尴尬、紧张的氛围，又用自己的睿智征服了在场的所有人。

可见，富有创意的幽默，可以帮助你在困难的局面中出奇制胜，在沟通交流的过程中，大胆运用一些无厘头甚至荒诞的幽默方式，有时候会起到出其不意的效果。要知道，一个老套的笑话只会让人尴尬，而那些有创意出人意料的幽默才能真正打动人心。

## 尴尬来了，幽默挡

生活中，我们常常会因为别人的故意挤对，或是因为种种意外情况而陷入尴尬的处境。在人际交往中，如果我们生硬地反驳对方，就可能撕破了脸，甚至引发一系列负面连锁反应。可如果我们不做应对，恐怕就会让场面更加尴尬，甚至丢了面子和自尊。

这时候，幽默的语言无疑就是我们化解尴尬的灵丹妙药，既可以让我们自己走出困境，又可以避免发生冲突，在彼此心中埋下疙瘩。许多尴尬的场景中，只要你灵机一动，运用好幽默这一有力武器，就可以让自己瞬间赶走尴尬，让气氛重归和谐。

演员黄渤有一次上《鲁豫有约》接受采访，被主持人问了一道“送命题”：“你现在可以啊，很火啊，是吧？”这个问题看似随口一问，实则是一个必须小心回答的问题。如果黄渤回答是，会显得黄渤太自以为是；要是答不是呢，又难免让人觉得虚伪做作。

这时候所有人都在为黄渤捏一把冷汗，觉得主持人这个问题是不是问得有点过了，万一现场陷入尴尬怎么办？

可是黄渤却泰然自若地答道：“那肯定啊！你想都坐在这儿跟鲁豫聊天了，还能不火吗？”

一句话逗笑了主持人，逗笑了观众，也成功躲过了尴尬的场面，不可谓不高明。

培根说过：“善谈者必善幽默。”黄渤就是这样一个能够在各种场合侃侃而谈，无论遇到何种意外都能把控全场的人。他幽默风趣，随机应变，即使面对来者不善的“送命题”，也能用幽默的谈吐化于无形。既正面回答了问题，表现了足够的尊重，又不动声色地称赞了别人，尽显真实与诚恳，堪称幽默化解尴尬的典范。

实际上，黄渤在观众心中一直都是公认的情商高又幽默的人。他拥有非常好的口才，并且反应速度非常快，所以很少让自己陷入尴尬的境地。即便是偶遇尴尬的处境，他也能运用自己的智慧来化解。

他曾经说：“幽默是化解尴尬的一个办法，但是最聪明的方式是让自己不尴尬。”在一次演讲上，他讲述了一件尴尬的事情：有一次在机场，一个人在后面狠狠地拍了他的肩膀一下，说：“你干吗去啊？”黄渤吓了一跳，回头看了之后，发现并不认识这个人。但是他还是回答说：“我去上海啊！”然后，两人就你一句我一句地闲聊起来。

之后，那个人说：“我看过你演的很多部电影，我实在是太喜欢你了。”这时，黄渤才知道，这个人是自己的粉丝。谁知，那个人接着说：“我最喜欢的就是那部，我看了很多遍……就是你和刘德华演的哪一部。”黄渤想了想，心里说：“我没有和刘德华演过戏啊？”于是，便问道：“你说哪个？”

那个人说："就是那个还有李冰冰的——《天下无贼》。"这时，黄渤才恍然大悟，这个人把自己错认为王宝强了。但是，黄渤并没有直接说出来，而是依旧和他聊着天。最后，那个人要求黄渤给他签名，黄渤也痛快地答应了，在签名的时候，他大笔一挥写下三个字——王宝强。

事后，黄渤说："不要让人尴尬，就是不让自己尴尬。这是顺势而已罢了，他高兴了，我也避免了尴尬。这是皆大欢喜的事情啊！"

可见，黄渤真的是善于利用自己的智慧和幽默来化解尴尬的典范，值得我们每一个人去学习。

在人与人的交流沟通过程中，幽默并不仅仅是高级的说话技巧，更是一种与人沟通的智慧和素养。幽默绝对是化解尴尬的绝佳利器，它不仅会让我们自己免于陷入尴尬之中，还可以避免让别人尴尬。所以，当我们毫无准备地陷入尴尬境地的时候，应该善用幽默的语言，让它来化解自己的尴尬。

一个人的幽默感，不是装出来的，也不是靠毫无节制的讲笑话、开玩笑得来的，而是善于用风趣幽默化解尴尬展现出来的。适当合宜的幽默，既化解了尴尬，又不失风度，对于他人来说，展示的不仅仅是幽默和智慧，还包括优雅的风度和健康的心态，以及文化的内涵和人生的积淀。

一个幽默的人，必定是一个宽容善良又反应灵敏的人。即便是陷入尴尬的困境，即便是面对别人不怀好意的挑衅时，也能够用妙趣横生的方式来给予回应。幽默不仅可以点亮一个人的生活，更可以让一个人赢得所有人的喜欢。

## 幽默要有格调，不要乱开玩笑

人们之所以喜欢在交谈中加入幽默的元素，是因为想让气氛活跃起来，在轻松愉快的氛围中，人会自然地卸掉紧张及戒备的心理，很容易拉近彼此之间的距离。但是幽默这件事，也要有限度，相信我们都遇到过那种开玩笑没有度，以及不分场合乱开玩笑的人，他们自认为是幽默，实际上却只带给大家尴尬，这样的幽默，还是越少越好。

这天中午，几个同事吃完饭后一起聊天，其中有一位姑娘叫静静，刚入职两个月，刚从网上配了一副眼镜，就拿出来让大家看看她戴眼镜好看不好看。大家都说戴上后更有气质了，静静听了开心得不得了。

这时候，同事小赵忽然想起一个段子，就立刻讲了起来："有一个近视眼姑娘去鞋店买鞋，光头的鞋店老板蹲下来替她量脚的尺寸，这位近视眼小姐看到店老板光秃秃的头，以为是她自己的膝盖露出来了，连忙拉裙子将它盖住。店老板眼前一黑还以为停电了，在裙子里大喊：该死的保险丝又断了！"

大家听了都笑个不停，但是静静却一下子不说话了，后来大家发现，从那以后静静再也没有戴过那副眼镜，而且碰到小赵也不打招呼。虽然碍于同事面子，而且自己是新来的，没有对小赵说什么，但是静静私底下却跟闺密抱怨："我买的明明是副平光镜，他却取笑我近视眼，而且我一个未婚姑娘，跟他并不是很熟，讲什么把头蒙到裙子里的，太让人难为情了。"

要知道，幽默本身是一种睿智的表现，一个适当的玩笑可以让彼此之间的关系更加亲密，也可以增强自己在人际关系中的吸引力。但是，如果这个玩笑，你觉得合适，好笑，而对方却很尴尬甚至是愤怒，那就是一种失败了，甚至会被人说成是情商低，"画虎不成反类犬"。

就像上面这个例子，在小赵眼中不过是一则近视眼的段子，到了静静的耳中就变了味儿，引起了不适，这就是幽默没有格调、掌握不好分寸的后果。

因此，开玩笑最重要的是得把握好一个"度"，格调不高的玩笑，不合时宜的玩笑，甚至拿别人的隐私来开玩笑，都会使你的社交行为大打折扣。其中，最容易"没朋友"的就是拿别人的隐私开玩笑。既然是隐私，那就不想被人说破，它们或者是不想被人指出的缺点，或者是不想被人提及的过往，这些都不是可以拿到桌面上来高谈阔论的，往往你觉得只是一句玩笑话，却给人带来意想不到的伤害。

酒店房间内，一群年轻人在酒桌上高谈阔论，气氛热烈，原来是他们的同学聚会宴席。酒过三巡，一个年轻，身材瘦削的小伙子为了显示自己的幽默，于是就地取材，制造了一个笑话，他想逗大家乐一乐，便指着旁边一个身材比较丰腴的胖姑娘说："你可越长越'苗条'了，要是咱们组团去参加相扑运动，你准是一号种子选手！”他的话刚说完，大家就哈哈大笑起来。

旁边的胖姑娘听到这话，本来好好的心情瞬间跌到了谷底，她本来就因为自己不断发胖而特别苦恼呢，现在自己的朋友当着众人的面说自己胖，看着大家的笑容，她简直无地自容，想找个地缝钻进去。她觉得自己的自尊心严重受损，必须扳回这一局，于是她气急败坏地说：“我是胖，是喝你家水了还是吃你家大米饭了！你也不拿个镜子瞧瞧自己，瘦得像根芦柴棒似的！”说完拿起包就走了。

大家的笑容僵在了脸上，你看看我，我看看你，这个小伙子也觉得十分尴尬，几个同学也没有心情再聊下去了，纷纷离开。

心理学家研究发现，谁都不愿将自己的错误和隐私在公众面前“曝光”，一旦被人曝光，特别是以一种调侃的形式被人揭露，就会感到难堪甚至愤怒。

所以，在与人交往谈话中，如果不是为了某种特殊需要，不要去“揭”别人身上的“疤”，使其当众出丑。哪怕是有必要说时，也可以采用委婉的措辞来向他暗示你已知道他的错处或隐私。

开玩笑是为了增进彼此的感情，它的初衷应该是充满善意的，如果你以开玩笑为借口，却借机对他人的隐私冷嘲热讽，那么必然会招致他人的反感，甚至得罪于人，也会使在场的其他的人感到气氛尴尬，而对你敬而远之。

从另一个角度来说，拿别人的隐私来开玩笑，不仅是一种自私的表现，更是低智商低情商的表现，人们对这样的人往往敬而远之，因为谁也不想与他熟悉之后让他来拿自己的隐私来博众人乐。

所以说，一个善于沟通的人，一个高情商的人，是懂得以最高级的幽默来活跃气氛，增进交流，而不是不分场合地去开一些不合时宜的玩笑，用蹩脚的所谓“幽默”来作茧自缚。

## “自黑”是幽默的最高境界

提到“自黑”这件事，我想到前些天看电视的时候，看到一档主持人大赛节目。当时出现了一个小插曲，一名选手被淘汰出局，她很伤心，但是在全场观众面前，她强忍着不让自己的眼泪流出来。

这时主持人告诉她说：“不要忍着，哭出来吧。憋着容易把眼睛憋小，我从小就刚强，有眼泪就憋着，所以就把眼睛憋小了。”此话一出，全场沸腾，连那位选手都被他逗笑了。

之所以有这样的效果，是因为这位主持人自己本身就以“小眼睛”而著称，名字我就不提了，相信大家都能想到。为了安慰失利的选手，他不惜拿自己的“小眼睛”来自嘲，既为选手的哭泣找了理由，还让观众听来情趣盎然，忍俊不禁，可谓一举两得。

这位主持人之所以深受观众的欢迎，就与他善于拿自己开涮、制造幽默有关。其实生活中，“自黑”这件事如果运用得当，很多时候能够产生出人意料的效果。

张亮是一位保险推销员，有一次，去拜访一位好不容易才约见的客户，没想到那位客户非常冷淡，对热情递上名片的他视而不见，接过名片之后就很随意地扔在一旁，根本就没有仔细看。

张亮一下子觉得场面有些尴尬，只好硬着头皮把之前准备好的开场白说了一遍。

这时客户头也没有抬，眯着眼睛慢条斯理地说道："上次来拜访我的保险推销员，好像也是你们公司的，他在我面前讲了足足一个小时，讲得口干舌燥，我也一样拒绝了他。今天同意见你，只是想当面告诉你，我肯定不会买保险的，以后你也不要再打电话给我了。"

望见对方不屑一顾且十分傲慢的样子，张亮心里就知道，这次遇到难啃的骨头了，想签下这张单子，简直是机会渺茫。可是好不容易争取来的拜访机会，他又不甘心就此放弃，于是索性转变策略，冒险一搏。

这时他留意到客户的身材非常魁梧，跟自己比较矮的身材形成了鲜明对比，于是灵机一动，大大咧咧地说道："是吗？我那位同事说了半天都没有打动您，我想一定是因为他形象不如我吧！"

原本都不正眼看他的客户听到这话，吃惊地抬起头盯着张亮："你说什么？上次那位仁兄可比你形象好多了，起码个头都比你高得多！"

"可是个子矮也是身材的一种呀，常言道浓缩的都是精华，上次那位同事肯定没有给您讲出保险的好处和精华所在，我今天只需要他一半的时间，给您讲一个'浓缩版本'的业务介绍，保证不浪费您的时间！"

客户被张亮不惜自黑的幽默逗乐了，笑着说道："哈哈，你这个人说话还挺逗，那你给我讲一下吧，我给你半个小时。"

张亮随后真的只用了半个小时就说服客户给孩子买了一份保险。

面对客户故意为难自己的情况，张亮并没有退缩，而是以一种“自黑”的幽默方式化解了尴尬，让客户刮目相看，从而也为自己推销保险做好了铺垫。

如果张亮没有想到“自黑”这一招，面对客户冷漠的态度，也许早就心灰意冷地退了出去。然而，正是张亮的机智，让他选择以这种幽默的方式来化解尴尬，并成功引起了客户的兴趣，最终达到让客户买保险的目的。

有高人说过这样一句话：“严肃的问题，可以用轻松的方式来解决。”自黑就是一种轻松的沟通方式。作为幽默的一种方式，自黑既是一种沟通方式，也是一种境界。如果大家留意，就会发现身边其实有很多达到这种境界的“高人”。

比如一位大学教授，虽只有四十来岁，头上却大多秃了，仅剩下几根短短的头发在倔强地站着，据说经常有人在背后叫他“秃顶”。这位教授不但不气不恼，而且还经常在同事之间拿自己开玩笑：“热闹的马路不长草，聪明的脑袋不长毛”，在课堂上他也曾向学生们自嘲道：“我这人上课有个好处，如果教室光线不好，我随身携带一电灯泡。”

可想而知，这位教授的课堂气氛是相当活跃的，他讲的课程，可以说是场场爆满，他也成了学生们心中的明星教授，都抢着报他的课程。

“难道他们不担心这些自黑有损自己的形象吗？”有不少人心中一定会有这样的疑问。

那么，我们不妨思考一下这个问题：如今社交网络如此发达，有很多人都喜欢在网上晒自己做的“黑暗料理”，或是分享自己所做的脑子短路的事情，比如往牙刷上挤洁面乳刷牙、坐公交车居然坐反了方向等，总之是他们懒懒的、笨笨的一面。而当你看到身边朋友发的这些东西时，你会因为这些糗事而看不起这些朋友吗?

答案自然是否定的，相反，这样的人还相当受欢迎。大多数的人对这些行为不仅没有反感，反而觉得更接地气，莫名地招人喜欢呢！

相信这样的回答大家并不意外。因为从社交心理学的角度来说，在与人沟通的时候，最容易博得他人好感的，并不是那些喜欢夸夸其谈，给自己脸上贴金的人。反而是那些坦然地接受自己的缺点和不足，敢于拿自己开玩笑的人。

对于那些敢于坦然自黑的人，我们反而会觉得对方很可爱、很真诚，富有人情味，愿意和他们交流沟通，乃至成为朋友。

那些敢于“自黑”的人，内心都比较强大，这来自勇敢者对语言的驾驭，正如一句话所说，“敢于直面自己的不足，用自己的不足为别人增添笑料的人，才最勇敢”。现实中，真正能做到“自黑”的人少之又少，若你想成为其中之一，就要注重培养豁达的胸怀、乐观的境界、超脱的心态等。

# 第四章
# 你不必溜须拍马，但不能不讲赞美的话

赞美是人际沟通的超级润滑剂。渴望被肯定、爱听别人夸奖，是人性中最殷切的需求。所有人都喜欢被正面赏识，没有人会喜欢受负面刺激。如果在沟通中，你嘴巴足够甜，善于把别人夸得飘飘欲仙，那么，人际间的愉快度将会大大增加。

## 长个甜嘴巴，走遍天下都不怕

美国现代成人教育家戴尔·卡耐基说:“人们除了对生命、食物、健康、睡眠、性生活等方面的基本需求外，最深切而又最难以满足的需求就是自重感——即觉得自己很重要的感觉、喜欢自己的感觉。”也就是说，我们在与人沟通时，如果能满足他这种“自重感”便可以很轻松地获得他人的好感，占据沟通的主导地位，那么这种自重感如何满足呢？最简单的方法就是“嘴甜”。

电视剧《娘道》中隆家老奶奶在介绍当铺掌柜时有这样一段话：“小喜子，他就是一个没爹没娘的孤儿，从小在隆家学徒，除了车赶得好，就是嘴甜，从小就围着我‘太奶奶，太奶奶’地叫，我也是求重孙子心切，便给他赐姓‘隆’，他才有机会当上这个当铺的掌柜。”

也正是因为嘴甜，这个普通学徒成了大掌柜；也正是因为嘴甜，本是下人、奴才的人却成了“人上人”。很多时候，一张甜嘴会得到更多的机会，他的人际圈也会更大，“甜嘴”是什么呢？其实就是善于赞美。

任何人都喜欢听到好话，满足“自重感”，所以，赞美是人与人之间沟通的润滑剂，是一种力量非常强大的武器。如果你的赞美恰到好处，那么就会给别人带来欢乐，博得对方的好感。

老刘退休后就跟随儿子来到了上海，一个典型的北方人在上海定居真是困难重重。

老刘来了好几个月了，他感到非常无聊寂寞，不仅是因为离开了熟悉的环境、熟悉的朋友，最重要的原因是语言的障碍，这么长时间他也没找到一位聊得来的朋友。儿子看父亲整天一个人闷在家里，便劝他多多到公园中去转转。

老刘听儿子劝说，反而更加生气了，他说：“你以为我没有去逛啊，他们一个个都聊得火热，我也听不懂，也插不上话，我怎么能融入别人的圈子呢？”

儿子笑着说：“这还不容易，您多观察观察，找到合适的机会就赞美赞美他们，我们小区的老人都是有文化的人，喜欢下棋、看书之类的活动，这不也是您擅长的吗？您就可以从这方面入手啊！”

老刘听后，犹豫了一阵，还是决定第二天去试一试。

傍晚时分，小区公园热闹起来，老人们有的在跳广场舞，有的在聊天，有的在下棋……老刘扎到了下棋的老人堆里，在一旁安静地看着。

一局结束，老人们都评价起刚刚的棋局来，老刘对胜者说：“老哥哥，您的棋艺真是不错，最开始已经被对方逼近了死角，没想到竟然反败为胜了。”

胜者听着是外地口音，便抬头看了看老刘，说：“您也懂棋？”

老刘笑笑，谦虚地说：“只会一点点，年轻的时候学过几年，当然没有几位老哥哥棋艺精湛啊！”

几个人纷纷说：“什么精湛不精湛的，我们就是玩玩，以后你有时间的话，我们可以切磋切磋。”

“好，好。”老刘高兴地点着头。

从那以后，他没事儿就到楼下，与大家下棋、聊天，他发现大家都能听懂他的话，而且时间长了，大家也很照顾老刘，有的放慢语速，有的还与老刘对话时特意用普通话。

老刘的脸上露出了笑容，儿子也时常听到楼下传来父亲爽朗的笑声。

从这个例子不难看出，老刘的赞美使他在与人沟通过程中迈出了第一步，一个恰当的赞美让老人们对老刘的好感度大大提升，也拉近了彼此之间的距离。现在社会中，这种“随迁”老人很多，年龄大了本来适应环境能力就在下降，再加上不能很好地与人沟通，那必定会倍感不适。其实，不管身处何方，与什么样的人交往，都不要忘了赞美别人，一张甜嘴巴，走遍天下都不怕。

试想一下，为什么很多人喜欢发微博、发朋友圈、拍短视频……将自己晒在大家面前呢？再试想一下，你晒自己到哪里旅行了，晒自己的美妆、漂亮衣服，晒自己可爱的宝宝……之后呢？当然就是看自己得了多少赞，有多少人评论，自己又增加了几个粉丝，其实，这些都是为了满足自己的“自重感”，如果有人在他们的微博、朋友圈下面点赞，或是赞美一番，那么他们的心里就会获得无比的满足。

其实，一句简单的赞美，从我们嘴里说出来，也许并不算什么，但是对于被赞美者来说，或许就具有非常重要的意义。沟通就是这样简单，掌握好了沟通的艺术，那与人交流就再也不会是难事，俗话说“抬手不打笑脸人”，常常说一些赞美的语言，自然走遍天下都不会怕了。

张敏是一家传媒公司的外联人员，她做了近十年的全职太太后刚刚上班，虽然她工作时间不长，年纪比较大，但是却拥有非常广泛的人脉。

传媒公司鱼龙混杂，最难做的就是外联人员的工作了，可张敏却在业内受到了众多前辈和领导的夸奖和欢迎。

“张敏人长得真漂亮。”

“张敏的口才真好，嘴巴甜，一般人还真抵挡不住呢！”

“这个张敏呀，别看一直没上班，那小手腕耍起来，了不得呢！”

……

虽然大家评价不一，但是张敏知道，自己能够迅速积攒人脉的原因只不过是比别人多了一些小技巧而已。

在职场打拼，很多人都明白赞美的技巧，张敏对此更是运用自如，更难得的是她的赞美让人听着更舒服。

比如，一个同事刚刚买了条新裙子，大家围在一起，夸着漂亮，合适等等，而张敏一边仔细欣赏一边点头说：“裙子剪裁得体，勾勒出你纤细的身条；颜色比较温和，把你的肤色衬托得比较白……”同事听了高兴地合不拢嘴。

再如，她每次开发一个新公司的合作项目时，总是以欣赏的态度与新公司交流，特别是一位业内都头疼的“大神”级人物对张敏更是赞赏有加。

最初合作时，张敏还是按以往惯例，对“大神”赞美，但这位“大神”听惯了赞美、恭维之词，所以对这些词语很反感，而且张敏每说一句话，刚说前半句她就可以跟上后半句，她还笑着对张敏说："都是千年的狐狸，跟我这玩什么聊斋！"弄得张敏尴尬不已。

回到家，张敏做足了功课，查了"大神"的资料，在一个小细节上一下找到了突破口。原来，"大神"在籍籍无名的时候，策划过一则不算出名的广告，虽然广告播出时间不长，但是却是"大神"最中意的作品，也是让他迈入传媒界的跳板。

所以，第二天，张敏再与"大神"谈话时，故意将话题引入到了过去，在回忆中，张敏说："我记得我还上大学时，有一条广告让我印象深刻，虽然不知道出自哪位大师之手，但那一条广告一定是我学传媒的启蒙点。"

于是，张敏将广告内容及广告经典词说了出来，"大神"感到非常惊讶和感动，从那以后，对张敏的态度发生了极大的转变。

嘴巴甜是张敏与人沟通时给人留下的最深刻的印象，她也因此俘获了众多人心。但是，嘴巴甜也要恰到好处，也就是说，如果你想要增进与他人之间的关系，成为朋友圈中最受欢迎的人，那么一定要寻找对方值得称赞的地方，然后真诚地给予赞美，这样才能让人感受到你的真诚，达到沟通的目的。

当然，有些人还会认为嘴巴甜就是虚伪，他们常说："我这人比较正直，我可不愿意说恭维的话，那么虚伪地讨好别人，太难堪了。"的确，赞美需要的是真诚，并不能违背心意，那种虚伪的恭维往往都包含着不可告人的目的，那样的人最终也会被人戳穿，最终"偷鸡不成蚀把米"。

"良言一句三冬暖"，将嘴巴上抹上蜜，不要吝惜自己的赞美之词，真诚地表达出自己的赞美，每个人身上都有优点，如果你找不到，那是因为你缺少"发现美的眼睛"。总是以挑剔的眼光看别人的人，自己也不会快乐，自然也不会得到更多的朋友。

赞美，是沟通中博得人心的最简单的艺术，也是送给别人最好的礼物和报酬。掌握好赞美的技巧，我们就可以让自己的好人缘越积越好，人际关系越来越和谐。

## 闯职场要会“捧”，对上司要会“哄”

赞美是人们拉近与他人心理距离的关键，也是赢得被称赞者的好感与信任的关键。生活中的赞美会拉近人与人之间的距离，职场中的赞美更是令你如鱼得水的最好助力，闯职场要会“捧”，“捧”出人脉圈；对上司要学会“哄”，“哄”得恰到好处。

没有人会对赞美拒之门外，“予人玫瑰，手有余香”。一个会欣赏别人的人必然会让别人欣赏。职场的确充满了竞争，但竞争不是怒目相对的指责，也不是拜高踩低的卑鄙，更不是过狭路的你争我夺，一个真正在职场中顺风顺水的人一定有强大的人脉。因此，赞美显得尤为重要，它可以帮你“捧”来同事的友好、客户的赞许以及上司的提拔。

江珊毕业后在一家规模比较大的公司就职，她虽然平时工作很努力，表现也不错，但令她想不到的是刚过实习期就被老板提升为部门主管。

当然，这是件令人高兴的事，但她也有很多疑惑，因为自己来公司时间并不长，怎么就受到了老板的青睐呢？而且自己那么快得到提升，同事们都很赞同，这是为什么呢？

有一次，她和客户闲聊才知道了原因，原来是自己的职场赞美起到了作用。江珊平时对同事们非常好，有问题也很虚心，常常“前辈”“老师”不离口，而且她还从心底里佩服老板为人处事的方法，常常在与老板的交谈中流露出敬佩之情。

她最初接触这位客户时，正好说到了老板，江珊真诚地说：“我们老板这个人真是不错，有才华、能力不说，对于我们这些员工也非常好。”结果，这位客户在与老板会面的时候，就谈到了江珊对他的赞美，这让老板感到高兴和欣慰。于是，老板对她有了很好的印象，看她平时努力工作、表现突出，便提升她为部门主管。

而江珊自己并没有想到，自己无意间的赞美竟然传到了老板耳朵里，她喜欢赞美的性格成就了她的职场梦想，让她获得了大好的机会。

其实，在职场上，人们最讨厌的是“当面一套背后一套”，而常常空虚地赞美更容易让人生出这种联想，所以一定要拿捏好赞美的分寸，如果你当面赞美上司，那么上司或是同事就会认为你在讨好上司，拍上司的马屁。轻则会引起上司和同事们反感，重则还会被同事们孤立，影响职场的发展。

李晴是一家饰品店的老板，生意做了十几年，越来越红火，而且很多老顾客都成了她的朋友。

商业街的很多人都羡慕她，常常向她来问生意经，每当别人问她生意好、人缘好的秘诀时，她都会笑着说：“很简单，那就是多给别人适当的赞美，多给他们面子，让他们觉得自己非常重要、非常出色！”

于是，人们观察了一下李晴，她的赞美的确很让人舒服，换作是谁都会想带上那么一两件她的商品走。

每当有客户进门时，她都会立即起身迎接，脸上带着灿烂的微笑，然后真诚地说：“欢迎光临。”当进门的客户看到老板这么有礼地问候自己时，心中自然非常愉快，觉得自己受到了重视和尊重。

接下来，李晴就会进一步赞美顾客，说：“您看起来真漂亮，您看您需要点什么？”

“这款项链最适合您的气质了，清新淡雅又不失庄重！”

“我觉得这款粉色的围巾更适合您，您的皮肤比较白，也只有您能衬得起这条围巾。”

……

当客户犹豫时，她也会说：“这件饰品戴在您身上才显得有价值，您要是觉得不合适再挑一挑，我想您最后还得选择它！”

“这个手环很多人都戴不上，您却一下就戴上了，看来它跟您有缘呀。”

李晴就是靠这“一捧一哄”为自己留住了很多回头客，新老客户来到这里都觉得很享受，对买到的东西也觉得物超所值。

《红楼梦》中有这样一段，一天，史湘云和薛宝钗都劝贾宝玉做官，考取个功名。贾宝玉对这样的话非常反感，于是便对她们说：“林姑娘就从来不和我说这样的混账话。如果她说这样的话，我早就和她生分了。”

这番话正好被从窗外路过的林黛玉听见了，她此时听见宝玉的夸奖，感觉又惊又喜，心中对宝玉的好感也增加了不少，从此之后，两人感情也越来越好。

试想一下，如果贾宝玉直接对林妹妹说：“我就是觉得你好，你特别美，特别懂我。”林妹妹一定觉得他是一位登徒子了。所以，有时候赞美没有必要非说得那么直白，如果你对老板总是说：“我就是觉得您好，您真好！”老板一定会对你产生反感。

有些人掌握不好职场沟通的艺术时，常常会犯这些错误。他们觉得赞美就是赞同，老板说什么他都在后面举双手赞同，那不是真正的“哄”，老板一定会觉得你是一个没有主见的“马屁精”。所以，赞美也要在心里有个度、嘴上有道门，不要让人觉得你是一个只会嬉皮笑脸“捧”人的小丑，那你的赞美就会适得其反了。

## 就算是“奉承”，也要把握好分寸

“美酒饮到微醉后，好花看到半开时”，凡事都要有一个恰到好处的点，赞美也是同样的道理，虽然它可以让人心花怒放，让人满足足够的虚荣心，但适宜、恰当的赞美才能起到最好的效果，就算是“奉承”，也不能给人阿谀奉承、溜须拍马的感觉，那样会让人觉得虚伪，与你最初的赞美目的就背道而驰了。

把握好赞美的分寸自然也就掌握了沟通的艺术，这就像炖一锅鸡汤，火太大汤会很快蒸发掉，锁不住美味；火太小汤不开便炖不出鸡肉的精华；只有不大不小的火候才可以炖出甘醇深厚的味道。

同样的道理，如果只是为了受到别人的青睐就肆无忌惮地赞美，什么溢美之词都用上，根本不顾及这些赞美是否符合事实，那就太过了。赞美要出于真心，可以夸张，但也要给人一种真诚，发自内心的感觉。

赞美之词人人都爱，但推己及人，赞美过了火，就会显得虚假，不仅无法让对方高兴，还会招致对方的厌烦。这样一来，赞美不仅难以起到改善人际关系的作用，还可能给你的沟通造成障碍，华丽的辞藻有时在生活中并不实用。

一位女士到国外做学术访问，被当地一家教授请到家中做客。

一进门，这位女士便运用自己所学的沟通的艺术，对教授的小女儿用夸张的语气赞美地说道："你长得真的太漂亮了，大家一定非常喜欢你！"说完还摸摸小女孩儿的脸。

这让五岁的小女孩儿不知所措，这个女孩确实比较漂亮，乖巧可爱，但是这位女士的夸奖明显有些夸张了。不过，她觉得对别人表示赞美总是没错的，那位教授肯定非常高兴。

可她想错了，那位教授不仅没有表示感谢，还一本正经地对她说："你刚刚的行为是不恰当的，伤害了我的女儿，你必须向她道歉。"

这位女士感到非常惊讶，自己赞美了那个小姑娘，为什么会伤害到她呢？她看着教授，不知道该说什么。

教授严肃地说："你刚才夸她非常漂亮，还说别人因为漂亮会更喜欢她，这有些言过其实，她只是长得比较端正而已。而且漂亮也好，端正也好，并不是她的功劳，而是取决于我和她父亲的遗传。"

教授请女士坐下，继续说："孩子的年龄还小，根本分辨不出你的赞美是寒暄还是真诚的，所以她会信以为真，认为自己是最漂亮的，而且认为大家会因为她的漂亮而喜欢她，而不是因为性格、教养、习惯等等。一旦她把漂亮当成是优势，就会形成错误的自我认识，并且逐渐走向误区，看不起长相平平甚至丑陋的孩子。"

教授的一番话让这位女士感慨颇深，她不好意思地说："对不起，我只是想赞美一下，让孩子高兴。"

教授点点头说：“我知道你的赞美是出于好意，但是我觉得你应该恰当地运用赞美。其实，你可以赞美她有礼貌，或是赞美她的微笑很美！因为这些都是事实，而且是她自己努力的结果。”

通过教授的点拨，这位女士终于明白，赞美别人没有错，只是赞美要发自内心，从那以后，她会很仔细观察，找到别人身上值得赞美之处，然后给予恰到好处的赞美。

赞美看起来简单，实际上却需要很深的功夫，要真正地掌握赞美他人的技巧，需要我们在日常生活和工作交流中多思考，多总结，只有这样，才能够准确、恰当地运用赞美来达到我们与别人沟通的目的。奉承之中“分寸”二字尤其需要注意。

如果你想对领导进行“奉承”，那更要懂得“分寸”。比如，这位领导讲话生动有趣，与其说：“领导你真是有趣！”不如说：“领导，你在开会时讲的那个故事很有意思，既好笑又有深度，真让人难忘……”这时，他的脑海中就会马上浮现之前开会时的场景，也会对你的赞美表示认同。但很多人却总是觉得甜言蜜语总没有错，进而“奉承”得让人难以消化。

齐小其在外深造五年后，回国创立了一家公关公司。

公关类公司对沟通的技巧要求尤为严格，而且大多数都是能说会道的人，沟通的艺术就是他们的日常。但是，齐总手下有这样一位下属显得过于“玲珑”，让人难以接受，他特别爱说话，只要一打开话匣子就收不住。

齐总是一位热衷时尚，又懂得搭配的人，这位下属就很喜欢围着她赞美。每天早上，只要齐总一到公司，他就围着齐总不停地转，或者说：

“哟，齐总，您又买新衣服啦！真是太适合您啦！一看就特别地高档，颜色也很适合您。您说，您怎么这么会打扮？我真是太羡慕啦！”或者说：“瞧瞧，齐总，您又换了一套呀！我就不像您那么会打扮……”

齐总一开始还觉得心里很美，点头笑笑，但是时间一长，她也觉得受不了了。每次都会被下属唾沫横飞、眉飞色舞的奉承搞得心情不爽。

在下属的极力赞美与宣传下，全公司的人都以为自己的老板是一个购物狂，客户有时也跟齐总开玩笑说：“听说你很爱买衣服呀！”弄得齐总每次见客户时都觉得很尴尬。

很多人对麻辣烫的滋味难以抵挡，但总是吃完就受不了了。这位下属很会甜言蜜语，但如果太甜让人听得多了也会腻。特别是同样的奉承之词说一次可以，两次可以，说得多了不但达不到满意的效果，反而会给沟通带来危机。

“奉承”其实需要的是一种若即若离的朦胧之感，既能将自己的赞美说出来，让别人接受，又不能让人觉得你阿谀、溜须，这才是最重要的。分寸感是沟通中最需要掌握的艺术，有分寸的赞美自然也是最恰到好处的交流之法。

## 给赞美加点创意，效果出乎人意

“你真漂亮！”

“你真帅！”

“你工作真出色。”

……

这样的赞美之词让人听起来总觉得少点什么，就像青春期时别人夸我们“你真棒”时，你可能会在心里反问：“我哪里棒，你倒是说一说呀！”这种直白而不走心的赞美听过三遍之后就会无感，再听三遍心里就会厌烦，这种一遍遍味同嚼蜡的赞美不如不说，真正懂得沟通艺术的人会有一种很好用的赞美方式，那就是花式赞美。

花式赞美也就是给你的赞美之词加上一点创意，不泛泛而谈，也不一成不变。这就像小朋友不喜欢吃白馒头，却对造型馒头情有独钟。用一些新鲜的词语来表达出你的赞美之词，让别人觉得新鲜，这样，你不仅能达到想要的效果，还会在别人心中竖立一种睿智的形象。

从人的心理角度去分析，“喜新厌旧”是每个人都有的特点。那些陈词滥调的赞美，不仅会使人听起来索然无味，更会给人一种你并非真心的感觉；不过，如果能换一些新颖独特、抓住特点的赞美，则会令人回味无穷。

有一位非洲客人，在一次乘机飞往中国时，他对空姐说：“我在国外坐了这么多次飞机，第一次遇到对我们黑人这么友好的服务小姐。”这句话听起来的感觉是真诚、友好，而如果他说：“你真漂亮，服务真好。”一定不会给空姐留下印象，严重的话还会引起空姐的厌烦，以为他在故意挑逗。

赞美就要赞出新花样，当别人对一位美女说：“哇，你真漂亮！”美女可能会笑着点头，但如果你跟着也说：“哇，你真漂亮”时，美女可能会不屑地瞥你一眼，心中怀疑你的真诚。中国人常说：“吃别人嚼过的馍不香。”所以，赞美出“新”才会招人喜爱，更会让赞美者受用。

试想一下，按中国人谦逊的传统习惯，你对他进行赞美，他往往会否定地谦虚一下，可你总是在说：“您真了不起！”他便会多次说：“不敢不敢。”这样的对话多了，特别是在公共场合，双方都会陷入一种尴尬的境地，而且被赞美者会对你产生厌烦。

李飞在外地上大学，周末时，他到生活在本地的室友家玩，正巧碰到了同学的哥哥，李飞赶紧上前说：“哥哥您好，见到您真高兴！您的大名简直是如雷贯耳，真是百闻不如一见！”

这句是中国人最常用的客套词之一，李飞是想对同学哥哥表达自己的恭维，想要拉近距离，但没想到同学的哥哥脸一下子就红了，一声没吭地走出家门，同学也突然脸色变得难看起来。

面对这种情况，李飞很不解，也没有心思再待下去，便悻悻地离开了。

回到宿舍，说起这件事，了解情况的室友告诉他："同学的哥哥因打架斗殴蹲了15天的拘留所刚出来。"

李飞的脸唰的一下就红了，他这种恭维以前从未失手，如今却碰了钉子，这一句"如雷贯耳"简直就是揭了对方的伤疤，让哥哥以为李飞知道他的过往而有意讽刺。

李飞赶快找到同学，表达了自己的歉意，同学说："你这种拉近关系的套词没有错，但以后在恭维赞美时一定要弄清楚情况，别泛泛来用。"

有些时候，赞美中经常出现的一些词并不好用，甚至会像李飞那样弄个反效果。像"久仰大名"、"如雷贯耳"、"百闻不如一见"、"生意兴隆"、"财源茂盛"等俗不可耐、味同嚼蜡的恭维之词；再如"漂亮"、"帅气"、"可爱"、"美女"等一些泛泛空谈之词，这些词不但让你达不到赞美的目的，甚至还会引起不必要的冲突。

比如，当我们赞美对方优秀时，不要说"你真优秀！你真厉害！"，那样会给人一种空洞的感觉。你可以说："你们的家庭真是和谐，我们每个人都很羡慕。""你的微笑给人一种亲切的感觉，我可以和你交个朋友吗？""我终于知道你为什么受人欢迎了，你的品格太令人敬佩了。""你不仅外表好看，能力也如此突出呀！"……

很多时候，我们都有这样的感觉，一道汤不同的人做味道也会不一样，有些人给一道难喝的汤加上一点料就可以达到"化腐朽为神奇"的效果。

著名节目主持人陈丹青曾邀请许多知名导演、演员进行访谈，其中也包括素以“冷面”著称的王家卫导演，很多主持人都不愿采访他，因为他不苟言笑，让人觉得有距离。

陈丹青接到任务后，做足了准备，刚开场他就笑着开玩笑说：“你走上来，戴着墨镜，我一看这就是个黑道大哥嘛。”

现场观众听完大笑，但是王家卫还是那副酷酷的样子。

陈丹青继续说，“我一直期待上海电影界出现一个流氓才子，但是，没想到几十年前上海电影文化的才子转到了香港，结果，现在香港出了个流氓才子——王家卫，他呀，有江湖气，电影霸道极了！”

这一刻，王家卫再也绷不住了，被陈丹青这种幽默的赞扬逗笑了。

平铺直叙的赞美总让人觉得无味，那不妨加上最好用的调料——冷幽默。幽默的语言总会让人发现智慧的火花，而且如今“麒麟进冰箱变成冰麒麟（冰淇淋）”式的冷幽默更受人欢迎，当然赞美用这种智慧的语言表达出来也不会太差。

赞美似鲜花，不能从花丛中摘下来直接就送出去，总要打理好枝叶，精心包裹后再送出，这样才会更有诚意，让接受的人身心都觉得愉快。与人沟通也是这样，赞美本就是期盼美好，为何不加上一点创意？有创意便是有诚意，这便是沟通艺术中花式赞美的魅力。

## 找到心灵的兴奋点，才能赞到点子上

中华国粹——中医是一项很神奇的医术，特别是其中的“点穴”之术，更是让人惊叹无比。中医中找穴位点时很有意思，小小的银针扎入穴位时会觉得酸胀，而不是穴位只会觉得疼痛。所以一位好的中医，一定能够快速找到穴位点来治疗。

与人沟通时也是这样，拉东扯西地聊了半天，也用上了你所知道的赞誉之词，但对方却毫无反应，那是因为没有找对点，找到心灵的兴奋点，你的赞美之词才算赞到点子上。俗话说：“酒逢知己千杯少，话不投机半句多。”还有句话叫：“见人说人话，见鬼说鬼话。”其实道理是一样的，沟通是人与人之间进行的，如果抓不住对方心中所想，说不到点子上，那赞还不如不赞。

你可能会觉得沟通不畅只是口才的问题，其实它是情商和技巧的问题。你虽然满含赞美之词地积极聊天，想办法取悦对方，可你的话一句也没有触动对方的内心，又怎么能达到你要沟通的目的呢？

李海是一家二手车行的老板，自开业以来，生意一直不红火，只能勉强糊口，他的好朋友在车行一连观察了几天，终于找到了原因，原来这与李海的沟通艺术有很大关系。

俗话说：“褒贬是买家。”特别是这种二手车，顾客挑毛病是再正常不过的事情了，他们往往会说：“这辆汽车有些小问题。”“这辆车看起来太破旧了。”虽然李海也明白，客户这个样子，无非就是希望他能降低一些价格，可他却听不得这些褒贬论调，每次顾客说时，他总是反驳几句，结果惹得对方心里不痛快，那生意也自然就没得做了。

朋友对李海说：“你知道自己和客户为什么会话不投机吗？就是因为你总是从自己的角度出发，却没有顺着对方的心理。当客户说车子不好时，显然是想要你把价格降低些，可你却摆出专家的样子，和客户滔滔不绝地解释，这样，客户能愿意听吗？”

李海看着朋友，疑惑地问：“那我应该说什么呢？”

朋友继续说：“这时候，你应该让他们自己拿主意，问他们想要什么样的车子，想要花多少钱买一辆车子。然后你再给予他们适当的肯定和建议，那么客户就不会对你的话产生排斥感了！”

李海豁然，终于明白，自己越是想要解释什么，越是想要客户接受自己的观点，那么客户就越产生反感。既然他们的目的是想要用便宜的价格买合适的车子，那么自己为什么不顺应他们的心理来交谈呢？

于是，李海决定改变自己的说话策略。

这天，一对夫妇来到了李海的店里，女的指着车说：“你看这车多破，一看就是一辆旧车。”男的也跟着说：“是呀，这辆新一点，但一看就修过，估计还会有些小毛病。”

李海谨记朋友的话，谦虚地说：“看起来您对汽车很在行，那么请您看看，这台新到的汽车怎么样？”

男客户听了李海的话，脸上露出了笑容，说：“我谈不上在行，不过也确实知道一二。”于是，他便绕着汽车看了一圈，又试驾了一圈，然后对李海说：“虽然这是二手车，不过却有七八成新，性能还是不错的。”

李海听了之后，点了点头，说：“您确实说得没错，果然您是懂车的人，如果您买这个车子，您觉得它值多少钱？”

男客户想了想说：“这辆车子的话，如果我买的话，只能给出四万元。”

李海虽然觉得这价钱有些低了，但也没有直接反驳，只是笑了笑，然后问道：“一听您给的价就知道您是故意压价了，您这么懂车，如果您是我的话，想要卖多少钱呢？”

这时男客户脸红了一些，不好意思地开口说：“我知道我给的价格低了些，不过只能再加五千元，不能更多了。”

于是，李海和客户达成了协议，这对夫妇非常满意地付了钱，开着车子离开了。

从那以后，李海在接待顾客时掌握了沟通的技巧，不论是慕名而来的顾客，还是老客户，他都笑脸相迎，抓住对方的心理来取悦对方，他的生意也渐渐红火起来。

其实，很多时候，我们抱着取悦别人的心来对话，却得到了反效果，原因往往是没有抓住对方的心理。比如一个孩子在地上哭闹，你如果说：“你真是一个乖孩子，快起来，别哭了。”估计孩子不但不会因为你的赞美而停止哭泣，反而会哭闹得更厉害，这时，你完全可以说：“好孩子，你能告诉我你哭什么吗？我觉得你平常特别懂事呀，今天这是怎么了？”

这时孩子一定会告诉你原因，你再有针对性地解决问题，效果不是更好吗？

我们常常会犯的一个错误就是以自我为中心，而不善于观察，所以导致了我们赞美他人时也按照自己的想法来，就是所谓的“我觉得挺好”，这样你费了很大力气，以为取得了良好的效果却没有击中要点。

既然我们说出赞美之词是以对方为中心的，那就要找到他们心灵的兴奋点，抓住对方的心理来说话，这时对方也会觉得你说话很到位，心里哪怕对你有排斥、成见也会慢慢消失。赞到点、说到位，沟通的艺术自然就信手拈来了。

## 及时赞美，免得时过境迁

生活中，我们常常会遇到后知后觉的情况，自己办过的事情，再次回想才发现有很多不妥之处；自己说过的话，再次回忆觉得很多不妥帖。于是，我们常常发出这样的感慨："当时我还不如这样办呢，我怎么就没想起来呢？"

同样，与人沟通时也是这样，我们要学会沟通的艺术就要懂得实时做出反应的意义，谁也不想与一个后知后觉、总是慢半拍的人说话，因为那种感觉实在是糟糕透了。而沟通中的赞美更是如此，"有花堪折直须折，莫待无花空折枝"。语境对话为你创造了赞美的机会时，就要把握好时机，但如果语境已过，别人已经换了新的话题，你再次提起，就会显得过于刻意，达不到想要的效果。

比如，当同事得到了老板的赏识，大家都在恭贺时，你便可以适时地恭贺、赞美，但如果你没有立刻给予赞美和恭贺，反而过了一段时间之后才兴奋地说："哎呀，听说你做出了不错的成绩，真是太厉害了！

相信凭借你的才华，肯定会很快升职加薪的。”他一定会觉得你并非出自本心，或者有求于他。

下雪时我们总是冒雪去堆雪人，因为一会儿太阳出来了，雪就会融化。及时赞美也是这样，如果未能在合适的语境中想出赞美之词，就不要在事后补救了，因为事过境迁，你的赞美已经显得不合时宜。

王昊在这家公司已经五年了，与自己同时入职的人早已经升职加薪，只有他业绩平平，表现也平平，整天没有什么干劲地混日子。

但是，王昊在去年的年会之后突然干劲实足了，近一年的表现非常突出，精神状态也很好，总是神采飞扬的。

什么原因只有王昊心里知道，因为年会时他们部门经理外派出去了，公司换了一个部门经理，之前那个经理王昊很不喜欢，因为他平时总爱板着脸，一副严肃认真的样子。他总是爱批评下属，一旦下属出现了错误，就会立即劈头盖脸骂一通，哪怕他表扬或夸奖下属时，也黑着个脸，给人一种压抑感。

虽然，那位经理也常使用一些鼓励性的语言或者赞美性的激励语，但是下属们也不会从中感受到温暖与激励。因为他的赞美和鼓励时常都是过了很久才发出，下属激动和期待的心情已经消失了，他才对下属提出赞美，根本起不到激励员工的作用。

就在去年春天，王昊所在的小组拿下了一个大项目，为公司赢得了丰厚的收益，王昊和同事们非常兴奋和高兴，大家都期待着部门经理的赞美和奖励，这位经理却没有任何表示。

一周后，大家早已淡忘这件事时，经理却在部门会议上提起了这件事情，说：“上次王昊那组表现非常不错，拿下了这么大的项目，真是值得表扬！我们都应该向他们学习！而且我会向公司申请给予他们奖励，提高他们的年终奖金。”

虽然这是一件高兴事，但王昊和同事们的欢愉、兴奋的心情早已经没了，自然由兴奋产生的工作热情也不存在了，这时哪怕是拿了奖励，受到了表扬，也达不到激励的效果了。

新来的经理却完全不一样，他总是能够及时赞美和表扬下属，即便是一点进步，他也会大声说：“王昊，这个活做得真不错！”“小李，文件做得比上一次好多了！”及时的赞美让下属们感到前所未有的兴奋，虚荣心得到了充分的满足，所以情绪和干劲也非常高。

所以，王昊在这种及时的赞美之后，变得斗志十足，短短半年时间，部门的业绩就增长了 20%，新经理又与大家一起聚餐庆祝，整个部门都是蒸蒸日上的劲头。

这便是赞美的时效性，及时的赞美可以起到事半功倍的作用，让他人立即产生荣誉感。而过时的赞美就显得缺乏真诚了，也没有什么积极的效果。

比如，小时候我们考了一百分，总是期待着家长问：“你考了多少分呀？”我们便会得意地拿出试卷骄傲地说：“一百分！”然后就开始享受赞扬和夸奖，并暗下决心下次还会考一百分。但是，如果家长问完后，并没有赞扬或者夸奖，只是“哦”，我们就会想原来一百分也只是那样，根本不值得骄傲，也得不到赞扬，那么下次能考多少就考多少吧。

这时，哪怕家长反应过来，去补救赞美也无济于事了，因为时过境迁，兴奋劲儿早已经消失，再赞美也调动不起刚刚的情绪了，自然也达不到那时的效果。当他人做出成绩，或是表现良好的时候，要及时地给予赞美；

当你发现了别人的优点，那么就不要犹豫，立即把自己的想法告诉他。

从铭君的《听说》中开头是这样的歌词：“我浪费了最好的年华，我丢掉了那个她，我无数次梦到了那个画面……嗨，你好吗？”这便是错过时机的感慨，在最好的年华中没有珍惜，在最适宜表白的时刻中没有表白，哪怕现在再次问起“你好吗”，也没有办法回去。所以，无论是日常生活，还是职场，机会来时就要抓住，及时地表达自己的想法，俗话说：“过了这个村就没这个店”，及时、适时便是与人沟通中最重要的关键词。

既然赞美是为了拉近距离，那它更要及时、适时，不要时过境迁，后悔莫及时才想起补救，“亡羊补牢”的故事告诉我们错过了最佳时机再想补救也是晚的。过时的赞美，即使你是真诚的，发自内心的，哪怕用上再华丽的辞藻，也无法达到良好的效果。

## 不刻意地赞美，反而效果更好

其实人在大多数时候做事都是有目的性的，而且有目的性地努力，方向也会更明确，当然沟通中的赞美更是如此，赞美的目的就是取悦别人，建立自己的人际交往圈，在沟通中占据取得主导地位，更是为了达到某些既定目的。但是，过于刻意地赞美是沟通中的大忌，也就是说，人都是有目的的，但如果总给人一种目的性很强的感觉反而不好。

真诚而直接的赞美固然也令人心花怒放，但如果用词不当，或者把握不了度，则可能会让这种赞美变成阿谀奉承，反而给别人留下不好的印象。所以，为了让赞美运用起来更加有效，间接的赞美会更加稳妥，达到的效果也更好。

比如，你与朋友在一家餐厅吃饭，经理恰好是朋友的大学同学，他上前来与你们打招呼，而且热情地对你说："久仰大名，听说您是位作家，我非常喜欢您的作品，真是闻名不如见面啊……"

你这时可能只会尴尬地笑笑，因为这些溢美之词虽然听起来似乎令人高兴，但仔细品味那只是一些无感的恭维，人家是否真诚，或者话里有几分真诚可想而知了。经理赞美的目的当然是为了拉近距离，不过，对于但凡是有一点社会经验的人，这些赞美之词都不会取得应有的效果。

如果你遇到这种情况，不妨换一种方式，不要那么刻意，你可以轻松地说："原来你就是他常常提起的那位大才子朋友啊！总算是见到真人了。你不知道，这家伙总跟我们一群朋友显摆，说他认识了一个大才子，两人交情铁着呢，人家是妥妥的文化人，出口成章，下笔有神，可把我们羡慕的！"

这几句话并没有刻意地去赞美，但却间接而舒适地把自己的言下之意表达了出来，而且你听了这种话后，显得比第一种直面地恭维更加受用了。也相信，听了这番话，你也很乐意与这位经理成为朋友，沟通的艺术魅力也正在此。

间接赞美除了可以更加彰显赞美的真诚之外，同样还可以帮我们消除赞美带来的负面作用。

试想一下，如果你的同事中有一个人很乐于拍马屁，整天追在上司屁股后面说好话，大家一定很反感他，那是因为刻意的赞美一不小心就可能被人曲解为讨好和奉承。但如果有位同事，无论是在上司面前，还是在同事面前说话都一种口径，大家也会下意识地认为：上司不在跟前，他还这么赞美，那他是真的很崇拜、欣赏上司呀，并不是为了溜须拍马装出来的，自然，也不会在职场中成为众矢之的。

但是，也正是这种无意间的赞美才更容易传到别人耳朵里，通过别人的嘴，将自己的赞美之词表达出去，这是沟通艺术中睿智的表现，而且还会令被赞美者得到最大的满足感和愉悦感。有句话说："有心栽花花不开，无心插柳柳成荫。”我们越是刻意地想表达什么，就越会显得笨拙。

某个村子在村主任的带领下富裕了起来，村民们纷纷夸奖村主任的时候，一个聪明的农民突然大声说道：“唉，要我说啊，都是主任的错，要不是主任让村里人人都富裕了起来，咱们怎么会丢掉艰苦朴素的奋斗作风，花钱也变得大手大脚起来啊！”

这种“批评”让村主任心里美滋滋的，看似抱怨，实际上就是赞美，这种赞美似贬实褒，更容易让人接受，比简单地说一些恭维的话强多了。

我们常常会有这样的生活体验，越是小心翼翼就越容易出错，同样的道理，不刻意地去表达，便是最好的表达；不刻意地去赞美，便是最好的赞美。女孩说：“我长得也不好看啊，就一大众脸。”男孩子这时要怎么应答呢？如果男孩子说：“你挺漂亮的，真的挺漂亮。”虽然表达出了对女孩的赞美，但女孩听起来只会觉得平淡无味。但如果男孩子说：“你这样的还叫大众脸？那这学校里的姑娘没一个能看了！”女孩子一定会嫣然一笑，心里美美的。

很多时候，我们越是急于把自己的赞美之情表达出来，或者直白点说，我们越是想着拍马屁，反而更容易拍到马蹄上。凡事做得太做作了，也就显得假了，“假”便是不真诚，不真诚自然就不能达到沟通的目的。

与人交流，常常说赞美之词是重要的沟通秘诀，但这赞美之词怎么说出口，用什么方法说出口更为重要。沟通的艺术，是需要在实践中琢磨锻炼才可以学成的。见人常说拜年话，不要刻意去表达，不经意间的流露才更让人感动。

# 第五章
# 只要脑子够快，批评也可以很可爱

人非圣贤，孰能无过，但这个“过”怎么指出来，也是一门艺术。批评显然不像赞美那么容易让人接受，所以有必要使用批评时，必须要开动脑筋，调动情商，使批评既达到教育对方的目的，又不伤害彼此的感情。

## 非暴力批评，良药也能不苦口

“人非圣贤，孰能无过。”既然人人都会犯错，那么当指出别人所犯错误时就需要斟酌自己的语言了，批评也是一门艺术，批评本身就像一只刺猬，它不像赞美那样受欢迎，在从我们的嘴里说出批评的话时，就要开动脑筋，运用智慧来将“难听”的话“顺耳”地讲出来，此时，非暴力批评就会变得很好用，它是一剂良药，既治病又不苦口。

俗话说：“良药苦口利于病，忠言逆耳利于行”，良药，何必要苦口，现代人通过自己的智慧给苦涩的药包上了糖衣皮，哪怕药再苦，也不会让人觉得难以下咽。忠言，之所以称为忠言，就是虽然让人难以接受却对听者好的语言，那何必要逆耳，我们完全可以靠着自己的智慧逆言顺说，达到一样的效果。

历史上有很多直谏的大臣，之所以需要他们觐见直言，是因为君王的决策或者做法出现了问题，因此他们所说的话往往都与君王的意见相左，在这样的情况下，如果那些大臣不动脑筋，只是一味地说：“你不对！”“你错了!”估计在当时封建制度“君君臣臣，父父子子”的时代中，触犯龙颜早已被杀头了！君王的逆鳞可没有那么好触碰！

沟通是需要技巧的，批评不需要暴力地要求，拍桌子瞪眼说“你错了”只能让自己变得更加难堪，也不会让人接受。在日常生活中，当我们要指出他人错误的时候，一定要讲究方法，因为一旦批评这种手段运用得不得当，就会带来很多不好的后果，哪怕你加一句“良药苦口利于病”也不会让被批评者心情变好。

这时，我们就需要运用非暴力批评了。我们可以将尖锐难听的话用和缓的语气说出来，也可以避开错误找到优点，将优点放大，自然错误也就缩小了。人的心理就是这样，如果你总是揪住错误不放，那这个错误就会成为一根荆棘深深扎在你们之间；但如果你装作对错误视而不见，放大他的优点，那错误很可能就会渐渐消融。

一年级时，班主任因为孩子调皮而找到了孩子的母亲，说：“你家孩子连三分钟都坐不住，你要好好批评下他。”

母亲回到家，对等着挨训斥的儿子说：“孩子，今天老师表扬你了，说你竟然能安静地坐三分钟了。”于是，孩子上课咬着牙坚持坐更长时间。

三年级时，老师因为孩子不能坚持上完一节课而叫了家长，说：“你家孩子到了后半节课就动来动去，左顾右盼，你得好好说说他。”

回到家，母亲对儿子说：“孩子，今天老师表扬你了，说你现在能坚持大半节课认真听讲了，如果能坐一节课就更好了。”于是，此后一节课孩子都学得很认真。

六年级时，老师因为孩子不认真学习，考不上重点初中而叫了家长说："你看你家孩子，这成绩怎么能考上重点中学，你得好好管管他。"

回到家，母亲对儿子说："孩子，老师说你最近有进步，如果再努力一下，就可以考上重点初中了。"

……

时光匆匆，当年那个调皮、不爱学习的孩子变成了一位名牌大学毕业的高才生，母亲从未批评一句，但孩子却改掉了所有显著的缺点。

从心理学的角度来说，当你批评一个人时如果吹胡子瞪眼睛，大吼大叫的批评只能让人感受到你的情绪，而无法听出你的内容；而当你的批评以娓娓道来的语气，和缓的态度说出时，更容易深入到对方的内心之中去。无论是日常生活还是职场中，一个总是喜欢发脾气的人会给人留下无知及粗暴的印象，也会让对方觉得你是在揪住他的小辫子不放，不但不会达到批评的目的，还会引发他的逆反心理，觉得自己的尊严受到伤害，反而不再承认自己有错误，这样的批评显然是得不偿失的。

因此，为了避免让对方因受批评而激起一时之气，在批评对方之前，我们不妨先找到对方的闪光点，发自内心地进行赞美，这样一来，接下来的批评之语就会变成阳光雨露，批评的效果也会大大提高。

张诺是一家印刷厂老板，他很善于管理员工，也善于做员工的思想工作，员工们对他都非常信服。

这天，张诺收到顾客的投诉：近期交货的图书质量非常差，大大影响了图书的销售。张诺收到投诉后做了详细调查，发现事情果然如此，而最近图书的印刷都是由一位新员工负责的，这位员工工作还算认真，只是对机械的特性不是很熟悉，才出了差错。

张诺觉得这只是一件小事，于是就让车间主任来处理，希望他能提醒这位新员工，避免造成同样的错误。

这位车间主任找到新员工，对他进行了严厉的批评教育，在车间中就大声责骂他工作不认真、粗心，还说要对他进行处罚。当时，新员工的头低得很低，他觉得非常委屈，机械的特性问题没有人告诉他，并不是他工作不认真，而且车间主任当着员工的面就这样责骂他，简直让他的颜面扫地，自尊心受到了沉重的打击。

于是，新员工请了两天假，打算重新找工作，正当他在人才市场上转时，恰好遇到了前来招工的张诺，而张诺认识这位新员工，当时入职面试时也是张诺亲自把他留下，准备从基层开始培养。

“你到这里来找工作吗？你辞职了？”张诺问。

新员工低着头说：“没辞职，可我觉得我在车间里压力很大，我没脸回去了。”

张诺详细了解情况后，对他说：“小伙子，你的干劲非常足，而且也很有上进心，如果我们的员工都能像你一样有激情，那么我们印刷厂就无人能比了，我希望你能好好地在我们公司干下去。”说着，接过新员工手中的简历，“这些我先收着了，不过你作为新员工还应该把技术练熟练，这样一来，才能做出更好的成绩！你说是不是？”

听了老板的话，新员工非常感动，他没有想到老板能亲自留他，而且也没有追究他犯的错误，反而还给予了赞美和夸奖。从此之后，他苦练技术，并且更加富有激情地工作，没过几年就成了印刷厂的核心骨干，如今他已经成了张诺的得力助手。

如果我们能够把“苦药”的外面抹上一层“糖衣”，或是在批评他人之前先给予一定的赞美，那么不仅可以让对方更容易接受，达到劝服他人的作用，还可以抓住对方的心，赢得他们的喜欢。

沟通需要用心琢磨每一句话后再说出口，它是一门学问、一门艺术，批评一定要思虑周全，对症下药，要知道批评像剂药，目的是治病，而不是惩罚，所以使良药不苦口，对方才会更愿意喝下去。

## 旁敲侧击，温和之中表达责意

直言，听起来像一个褒义词，但实际运用起来却并不好用，特别是在与人沟通之时，过于“直”只能让人觉得情商低；表达批评时，过于“直”只能传达负能量，所以，在与人沟通时，“旁敲侧击”更显得睿智，尤其是表达责意时，“隐晦”地从旁敲打比直面的责难收到的效果会更好。

不用担心旁敲侧击别人听不明白，聪明的人往往都是“一点就透”的，而愚蠢的人即使你说破天他也不明白，所以，你的旁敲侧击、温和的责备他能够听懂，也能够改正，自然也就是聪明的人，那你的责备也是有价值的。

苏格拉底是古希腊著名的思想家、哲学家和教育家，他的弟子们都喜欢与他聊天，因为每次谈话都可以有收获。

一天，苏格拉底和弟子们聚在一起聊天。一位家境相对比较富裕的学生，趾高气扬地面向所有的同学炫耀：“你们知道吗？我家在雅典附近拥有一望无边的肥沃土地……”其他人似乎对他口若悬河大肆吹嘘并不感兴趣，但他却吹得津津有味，怎么也停不下来。

这时，苏格拉底的得意门生悄悄地说：“老师，像这样的吹嘘，我们应该怎样给他点教训呢？”苏格拉底笑笑，不动声色地拿出了一张世界地图，对那个得意扬扬的学生说：“麻烦这位同学指给我看看，亚细亚（亚洲）在哪里？”“这一大片全是。”学生不费吹灰之力地得意地回答。

“很好！那么，希腊在哪里？”苏格拉底又问。希腊与亚洲相比简直太小了，所以学生查找起来有点困难，但还是好不容易在地图上将希腊找出来了。

“雅典又在哪儿呢？”苏格拉底又问。“雅典，这就更小了，好像是在这儿。”学生挠挠头，指着地图上的一个小点说。

最后，苏格拉底严肃地盯着那个学生说：“现在，请你再指给我看看，你家那块一望无边的肥沃土地在哪里？”

学生脑门渗出了汗珠，他家那块一望无边的肥沃土地在地图上连个影子也找不到。这时，他的气焰渐渐消退了，同时也明白了苏格拉底的意思，知道苏格拉底是在隐晦地批评自己的狂妄，于是，无比愧疚地说：“对不起，我找不到，我知道自己错在哪里了。”

苏格拉底点点头没有继续说下去。

苏格拉底从开口就没有一句责备，而是用了几个简单的小问题让这位学生顿悟，这种提问和暗示，就是一种旁敲侧击的批评，聪明的学生自然会明白自己所犯下的错误，并且做到发自内心的愧疚和反思。

试想一下，如果身为老师的苏格拉底当着众多学生的面指责那个学生的狂妄，或者直接讽刺说：“你吹什么吹，你家的那片地算什么？”这位学生的自尊心一定会受到严重的打击，“下不来台”的他必然会对自己的老师生出负面情绪。

每个人都是有自尊心的，批评人时直言不讳的词句往往就会伤到对方的自尊，而且还会显得很愚蠢，你觉得痛快地批评之后，旁观者就会在私下议论：“你看，他这么直，一点面子都不给人家，情商太低了。”

所以，直言不讳的批评后，自己也会处于尴尬境地中，抬不起头来，伤自尊。这就是我们为什么要用旁敲侧击、隐晦渗透表达批评的重要原因，这是一种技巧，更是一种语言艺术。还记得“指桑骂槐”这个成语典故吗？这种行为看起来很愚蠢，但却是一种大智慧。既然“条条大路通罗马”，那为什么不让沟通变得更舒服些呢？

身为中国大区经理的宁明昊在经理人培训中，常常会把他小时候的故事讲给大家听，希望大家从中受到启发，在以后的管理工作中能够更加得心应手。

宁明昊从小学一年级开始，因为上课不认真听，所以学习成绩很差，老师便总是叫家长，越是叫家长，他似乎就越差劲儿，这让老师和家长都很头疼。上中学后，他更是变本加厉，为了应付老师，不仅抄作业，就连考试也会作弊，无论是老师的指责，还是家长的打骂都无济于事，妈妈也觉得儿子可能就不是学习的料。

可是，宁明昊在初二时，遇到了一位“神奇”的班主任，不到两个月，他便发生了天翻地覆的变化，成绩也飞速进步，行为也越来越规范，甚至对待老师和同学的态度都大大好转，为什么会这样呢？这要从刚换班主任时宁明昊的一次打架事件说起。

初二一开学，“神奇”班主任便登场了，宁明昊看着眼前新换的班主任，个子小小的，并不起眼，也没当一回事。

周末回来后，宁明昊还是照例没有写作业，于是找同学来帮忙，可是找谁谁拒绝，班长也告诉宁明昊自己的作业要自己做，宁明昊便急了，对班长破口大骂，甚至还大打出手，因此，他被叫到了办公室。

对于他来说，到办公室“谈话”已经成了家常便饭，所以一副满不在乎的样子，并不觉得自己不写作业和打人有什么错，他心想：“不就是训两句吗？你能把我怎么着！”

新班主任看着宁明昊一副“死猪不怕开水烫”的样子，对他的“事迹”也早有耳闻，于是笑着说：“宁明昊，你来帮我查两个字，老师这会儿忙，顾不上。”

宁明昊愣了一下，进办公室后不应该是被骂个狗血喷头吗？这个班主任怎么不按常理出牌啊？但人家要求查字典，那就查吧。

于是他拿过字典，很快就把那两个字查好并写了下来，新班主任点点头表示很满意，说：“你写字很工整呀！大家还说你不是一个好学生，字如其人，我觉得你的字如此工整，人也一定不会是一个故意调皮捣蛋的学生，对吧？”

宁明昊摸着脑袋笑了笑，还是第一次有人说他是一个好学生呢！新班主任又说：“我新到咱们班，你能给我介绍一下班里的情况吗？”

这可是宁明昊的强项，但他还是说得很小心，后来新班主任又跟宁明昊聊了些关于父母、游戏、同学等，宁明昊的警惕心慢慢地放下了，手舞足蹈地聊了起来。

过了一会儿，班主任说："来，你把刚才那两个字默写一下。"宁明昊很快就写了出来，班主任继续说，"你看'眼过千遍不如手过一遍'，你多么聪明，刚查的字写了一遍就记住了。同样，老师们之所以布置作业，就是为了让你们在写的过程中把知识记得更牢呀。"

宁明昊点点头，若有所思地与老师道别了。

在之后的日子中，宁明昊的学习态度有了很大的改观，每逢小组长收作业时，宁明昊都是骄傲地交上作业，而且写得很工整。后来，他不仅考上了重点高中，还上了全国首屈一指的大学，毕业后凭着自己的能力成了某公司中国大区经理。

每当宁明昊在培训中讲起这个故事时，他总会加上一句："我很敬佩这个新班主任，他与以往的老师不同，他不打不骂也不叫家长，但他说的每一句话都是那么有道理，因为老师不再指责批评，那自然我也变得越来越自信。所以，请各位牢记，你的下属需要的是一位好的领导，一位睿智的领路人，不是一个唠唠叨叨或者直眉瞪眼的管家婆。"

与人交往，对话是为了建立自己的人脉圈，没有一个人是为了树敌而与人沟通的，所以，在沟通中一定要注意自己的说话方式，特别是一些并不讨喜的话更要酝酿、揣摩之后再说出。瓢泼大雨伤人，春雨润物助万物成长。沟通需要智慧，批评更是如此，将相左的意见旁敲侧击地表达出来，给别人留面子，也给自己树形象，何乐而不为呢？

## 欲抑先扬，给情绪一个缓冲

任何人在特别激动的时候都难以做出理性的判断，这就是为什么很多人在矛盾冲突中失去理智将对方打伤或者打死。我们也常常有这样的体验，气到极点时，就想发泄出来，有些人表现在说上，有些人就表现在肢体上。

批评也是如此，本来批评是要说一些令人不悦或者难以接受的话，如果你又在他犯了错正在气头上时去批评他，那不仅不会有正面的教育意义，还会带来很多负面影响。所以，当你要批评一个人时，一定要先给他的情绪留一个缓冲的空当，消除其戒备心和叛逆情绪后再表达自己的看法，这就是沟通艺术中不可缺少的批评技巧——欲抑先扬。

所谓的“欲抑先扬”，就是批评时先对优点进行表扬，造成一种良好的氛围，然后再婉转地提出批评。“抑”就是压下去，含有批评之意。“扬”就是扬起，也就是赞扬。人人爱听奉承话，没有人不因受到夸奖而心情舒畅的。听到别人对我们的某些长处表示赞赏后，再听到批评，那自然就会更容易接受。

有个学生考试没有考好，一位老师将他单独叫到一旁，指着他的鼻子说："你这次考试怎么考得这么差，肯定是平时没有用功，如果你下次再考这样，就把你的家长找来，看看你怎么跟你家长交代。"

另一位老师则选择了不同的方法，他对学生说："你最近学习态度比以前要好了，上课认真听讲，课后也能认真地完成作业，为什么这次考试没考好呢？是不是考试的时候紧张了？考试老是考不好可不行，你要继续努力，争取把自己的成绩提上来。"

如果你是老师，你会选择哪一种说话方式呢？自然你会选择第二种，第一位老师的"忠言"不仅不会让学生努力学习，提高成绩，反而会让学生产生逆反心理，甚至自暴自弃。而第二种呢，不仅能够将忠言落在实处，还会激励学生的上进心，让学生更加努力地去学习，这种赞扬式批评可能时效不会太长，但短期内的效果是可见的。

俗话说："当局者迷，旁观者清。"当我们发现别人的过失，要批评他的过失时本来可能是好意，点醒在当局迷茫的人，但是可能会受到对方的反感，更甚者引起对方的顶撞，这样不仅没有达到沟通建立人脉圈的目的，两人的关系也会因此变得紧张起来。

"忠言逆耳利于行"，我们要说忠言，但也要尽量不让它过于逆耳，否则还没有表达完，巨大的反作用力就会将我们的好意弹回来。

张小雅大学毕业后一直找不到工作，最后凭着自己的形象气质好在一家公司做了前台。但她很没有时间观念，经常迟到，这让经理非常头疼。

于是，经理决定找张小雅谈一谈，张小雅一接到通知就知道经理是因为自己迟到的事打算批评她，所以想好了各种理由，也做好了充分准备。

但令她没想到的是，一进办公室经理却说："张小雅，有你做咱们的前台实在是太好了。你形象突出，又会打扮，谈吐也非常合适，真的特别棒。"

张小雅以为经理是要给她加薪或者缩短实习期，听到表扬后很高兴，说："哎呀，你夸得我都不好意思了，你要不说我都不知道我有这么多的优点。"

经理笑笑说："是啊，你平时的工作态度多认真啊，你看看别的部门那几个，上班的时候要么偷着看电视，要么偷着用手机聊天，有几个心思在工作上的。"

"可不是嘛，我这个人最大的优点就是认真，只要交给我的工作，我肯定放在心上，认真去完成。"张小雅充满信心地说。

"不过，你最近好像总是迟到，特别是迟到了还让同事帮你打卡，是不是有什么事情呢？需要帮忙吗？"经理仍旧笑着说。

"没事儿，没事儿，我以后不会再犯了。"张小雅的脸唰地红了，意识到了自己的错误。

经理的沟通方式就是"欲抑先扬"。经理找张小雅时，张小雅的情绪处于高度戒备中，此时如果经理开门见山地批评："你为什么最近总迟到，如果再迟到就将你开除。"那么张小雅或者会找一大堆迟到的理由，让经理无话可说；或者就是情绪特别激动，与经理闹翻。所以，经理先是表扬，为自己的批评做足铺垫，这时再说出批评的话，张小雅只有接受和认错，别无选择。

批评中的“扬”不是我们的本意，只是一种手段，“抑”才是真正的目的。“扬”可以有很多类型，但无论你怎样“扬”，最终的目的一定要落实到“抑”上。也就是说，“扬”要“扬”得有分寸，不能将“抑”的本意丢掉，批评的成分太少，或者不够尖锐，那对方可能只收到了赞美的信息，而将批评忽略掉。

就像张小雅的故事一样，如果经理最后只是淡淡地说：“我还听说你常迟到，以后注意点。”那张小雅一定不能改正，她一定会想：原来我的优点那么多，像迟到这样的小问题经理是不会关注的。她的信息一旦接收错误，经理“欲抑先扬”的沟通方式不仅起不到效果，还会产生反作用力。

这种沟通方式中，“扬”的分寸很重要，“抑”的程度也很重要。“扬”的过程是必需的，但是尺度一定要把握好，要有非常自然的过渡。如果将对方“扬”得过高，那么接下来你的“抑”就很难落下来。你如此看好对方，突然开始说些难听的“忠言”，那么你之前说的话是否是真心的就非常可疑了。或者你“扬”得过低了，让对方看出了你是在为“抑”做铺垫，那你就变成了跳梁小丑，让对方看了笑话。

总之，做任何事，用任何的沟通方法都不要忘记最初的目的，“三思而后行”的古训在任何时候都适用。批评之言不好说出口，那就换个方法睿智地说出来；对方的情绪难以把控，那就给他一个缓冲期，人的情绪会随着时间的变化、外界环境的变化而变化的。“欲进先退”的最终目的还是为了更好地前进。

## 妥善安抚，打完巴掌别忘喂颗甜枣

暴风骤雨的批评也好，和风细雨的批评也罢，对于某些人来说批评就是批评，他们感觉到的都是自己被否定了，心理学家说："人都是喜欢表扬，讨厌批评的。"所以，无论是用哪种批评，之后的安抚都很重要，做一个妥善的安抚，是对批评最好的巩固。

俗话说的"打一个巴掌给一颗甜枣"就是对批评之后的妥善安抚最好的诠释。被批评后，心里总是不舒服的，痛苦的，特别是会感受到自尊心受到了伤害，失了颜面，这时的安慰就是在消除批评带来的负面效应，更是为了化解沟通之中的矛盾，让对方舒服地接受批评，获得对方的信赖和信服。

老李在一家销售公司做了半辈子了，可是最近工作效率非常低，而且还时常出错。张经理决定找老李谈一下，批评一下老李工作不认真、频频出错的现象。

一天中午吃完饭之后，张经理把老李叫到了办公室，委婉地说："老李，我们好久没有聊一聊了，正好今天中午有时间，我们就好好说说话吧！”

老李来到办公室后，张经理说：“老李，我们共事有很多年了吧！我记得你是咱们公司最早进来的销售员啊！”老李感慨地说：“是啊！我都已经在这里工作了十几年！时间过得真是快啊！”

这时，张经理开始夸老李，说：“你是一位出色的销售经理，做出过不少成绩，所以不管是客户还是公司都是非常满意的！可以说，我们公司几乎没人能比得上你！”

见张经理肯定了自己的成绩，老李很是高兴，谦虚地说：“我只是做好本职工作，公司还有很多不错的年轻人。”

说到这儿，张经理的话锋一转，继续说道：“不过，你最近是不是遇到了什么问题？我发现你与客户交谈时好像没有了之前的高水准！你是公司的老员工，而且是业务骨干，遇到了问题一定要和公司反映啊，我们大家一定会帮你解决的！”

老李是个聪明人，张经理话锋一转的时候老李就了解了他的意图，领导是对自己现在的工作状态不太满意了。他心想：我在公司做了这么多年，偶尔出点小差错你就找我谈话，真是让人窝火。张经理还在一旁说着老李的问题，可老李早已经听不下去了，心不在焉地说：“好的，以后我会注意的。”

张经理点点头，以为自己的批评有了成效，可是他发现，老李并没有太大改变，反而经常在办公室发些牢骚，说张经理“卸磨杀驴”。

张经理运用了沟通中最有效的“先扬后抑”的办法，但他运用的分寸有问题，这种情况下，如果再加上妥善安抚就会得到想要的效果了。而在没有做好安抚，批评结束后就以为会得到好效果，这完全是自己太疏忽大意了。

其实分析一下，老李是一种典型的“聪明”人，对世事看得比较透彻，只是对自己不太了解，你即使做足了铺垫只要一说相反意见他就会像刺鲀一样充气，甚至爆掉自己。像他这种性格，最适合开门见山地批评，然后再去安抚。

其实每个人心里都希望在自己犯错或是出现偏差的时候，能够得到别人的帮助和指点，避免让自己在错误的道路上走得越来越远。但是，当真的有人指正我们的错误，批评我们的时候，我们却又不爱听了，觉得对方的批评让我们丢了面子，让我们的自尊心受到了伤害。

比如，妈妈在孩子犯错时打了他一巴掌，等他情绪缓和后再拍拍孩子的头说：“好孩子，没事儿吧，妈妈也是为了你好。”孩子这时会痛哭流涕，深刻地认识到自己的错误。一个凭着“棍棒底下出孝子”而常常对孩子训斥的母亲的教育是不成功的，而懂得“打一巴掌给一甜枣”的母亲往往教育出出色的孩子。

无论是日常生活，还是在职场中，与人沟通如果要说一些批评或者否定类的语言时，完全可以先批评后安抚，这与“欲抑先扬”的沟通方法正好相反。与人沟通时最重要的就是要了解对方，情绪易激动或者叛逆比较严重的情况下适合在赞扬缓和情绪后，再去批评，而对有些“吃硬不吃软”的人就非常适合开门见山的批评后，再妥善的安抚，只有根据对方的性格或者所处的情境不同，选择不同的批评方法，才会收到良好的效果。

## 把批评的话，用“玩笑”说出来

“笑里藏刀”的人最不好对付，那是因为他始终笑着，你不知道刀子在哪里。其实当你对某些人或某些事持否定意见时，也完全可以借鉴这种方式。用“玩笑”将批评的话说出来，比起正襟危坐、板着面孔、言辞激烈地数落达到的效果更好。

幽默，是睿智的体现；幽默的人往往因为高智商、高情商的沟通方式在人群中成为佼佼者。同样，如果想要说出批评的话，用幽默的方式既可以缓和气氛，又可以让对方顺畅接受意见，这就是一举两得。

张威是一位从底层凭能力慢慢晋升上来的经理，他最了解下属们的心境，也知道如何与下属们处好关系。

就在他上任的第一天，某部门主管就因为前一天晚上喝酒，导致早上上班迟到。虽然这酒是陪客户喝的，但因酒误事是员工的大忌。

上午 11 点，这位部门主管才慢慢悠悠地打卡进办公室，与张威正好撞个正着，他赶紧解释说：“呀，经理，对不起呀，昨晚与客户喝得太多了，我估计那个单子差不多拿下了。”

张威知道这话的言下之意，部门主管的意思是我今天迟到的原因是昨晚陪了客户，所以值得原谅，反正我的单子已经拿下了，你就不能说什么了吧。张威也明白，这种风气不能助长，如果今天让这件事混过去，那以后就会出现很多这样的现象，人人都可以找各种理由不遵守规章制度。

于是，张威听完解释后，笑了笑，用一种轻松的口吻问道：“看来你这酒喝得有价值呀！酒量怎么样？”

那名部门主管先是一愣，接着看张威的表情，以为这位新上司也爱喝酒，于是乐呵呵地回答道:“还行吧，能喝点，一次也就是一斤左右吧。”

张威说:“挺厉害的啊！那你今晚家里有事吗，或者有酒局什么的吗？”

“没有，今晚什么事也没有。”部门主管以为张威要约他喝上一杯，赶忙说。

张威笑着说：“那就好！那么晚上早点睡，明天别再迟到了。”

部门主管又愣了一下，随后明白了张威的意思，不好意思地挠了挠头，从这以后，他再也没有因为喝酒的事情而迟到。

张威是一位很懂得管理之道、沟通艺术的领导，他用这种半开玩笑的方式轻松地批评了下属，此时，他不仅能够督促下属改正缺点，同时还能消除他的心理芥蒂，更塑造自己亲民的形象。

其实“人无完人，孰能无过”呢？在绝大多数的公司中，员工都会有一些小毛病，这让领导一层很是苦恼。批评吧，还上升不到那么严重；但如果不批评，他又会影响正常工作，就像案例中那个爱喝酒的员工。所以这时，如果能用一个恰当的“玩笑”解决，便是上上之举。

聪明的领导，将批评的话语用一种开玩笑的方式包装起来，再轻轻地送到你手里，由你自己去品味、去反省。因为无论为了什么事情，都几乎没有人愿意听批评的话语。但当你把批评巧妙地隐藏于玩笑中时，对方自然就会欣然“笑纳”。

郭良这一批大学生刚刚进入公司时，从培训就住在一个宿舍里，与上学时的氛围没有区别，所以也留下了一些做学生时的毛病。其中，最严重的就是“手游”，他们几个常常通宵达旦地抱着手机玩游戏，第二天上班精神状态不佳，经常出一些小差错。

这件事传到了主管的耳朵中，他思虑再三之后，决定好好“教育”一下这帮小年轻。

这天晚上，就在郭良他们打“联战”打得热火朝天时，主管来了个突然袭击，没打招呼便来到了郭良的宿舍。这一开门，将正处于酣战中的郭良他们吓了一跳，顿时面面相觑，准备迎接一场“暴风骤雨”。

不过，令他们没想到的是，主管并没有发火，而是微微一笑，说：“我听说这大半夜你们还在这里‘吃鸡’呀，能给我尝尝不？”

几个年轻人大笑起来，消除了戒备心，说：“这吃鸡不是真的吃鸡，我们是在玩游戏。”

“哦，是这样呀。”主管笑笑说，“唉，我说呢，这鸡汤本来是最有营养的，但你们怎么天天吃却没精神呢？原来你们是在玩游戏呀，这是想要大吉大利，晚上才吃鸡呀，那明天呢？”

郭良他们听出了主管的意思，急忙收起了手机，卸掉了游戏，郭良还笑着告诉主管：“谢谢主管，我们以后晚上不吃鸡了，白天吃，吃他们大吉大利的头彩！”整个宿舍都哈哈大笑起来。从此，再也听不到他们游戏的呼喊声了。

每个人都不愿意挨批评，尤其是来自领导的批评。所以，身为领导的你，就应适应下属的这种心理特征，在批评下属时，不妨变换一种口吻，用以褒代贬、反话正说、难得糊涂等玩笑的口吻表达出自己的意图，比疾言厉色的批评更容易起到作用。

什么样的形式是“玩笑”式批评呢？就是运用一些形象、生动的比喻，或是其他修辞手法，来使自己的语言更完美，提高幽默的成分，让人更容易接受；其次就是“一语双关”，聪明的人都能听懂，而且很容易明白其中的含义。比如，身为领导看到下属懈怠时，笑着打趣说：“看你状态真有些老前辈的风范呀？只是提案比不上，精神状态倒可以比。”下属自然会意识到自己的问题所在，主动改正。

周恩来总理到西双版纳进行视察时，看到当地的路况很差，心里不太高兴，但他没有在众人面前责怪地方领导，而是回到车上，对同车的地方领导说：“这条路啊，下雨是‘水泥路’，晴天是‘洋灰路’！”当地领导听完，不由得有些羞愧地笑了，第二天便开始了检修。

用幽默的方式来将批评说出来，使语言变得精妙，沟通变得更加顺畅。情商高的人从来不会用情绪去沟通，因为他们每次都会将自己的情绪压下去，“包装”后再说出口，这样沟通就会变得更加有效。

## 面子留三分，人前不说人

俗话说：“当面教子，背后劝妻。”意思是孩子如果出了差错，要随时随地地指出，这样才能规范他的行为；而夫妻之间的相处之道是隐晦的劝说，不能当着别人的面批评妻子。其实，从心理学的角度来说，无论是小孩子还是成年人，都不能在众人面前批评指责的，因为无论什么年龄阶段，都有自尊心存在，即使单独指出错误还有可能给人心理造成不适，更何况是在众人的“观看”之下，更会造成巨大的心理压力，失去批评本身的意义。

人类与动物最大的区别就是“知耻”，也就是古语所说的“人要脸，树要皮”。人人都是爱面子的，面子就是尊严，哪怕自己犯再大的错误，也不希望别人在大庭广众之下指责。同样的道理，在很多惩罚中，“羞辱”是最伤人心的惩治措施。

因此，我们在提出反对或批评意见时，尽量避开当众批评，换为私下交流，给人留下三分面子，以期达到沟通的最佳效果。沟通的目的就是为了使自己赢得融洽的人际关系，所以批评也要以不伤人际关系为前提，大庭广众之下的批评必然会给被批评者带来双重的心理压力，除了承担犯错的压力之外，还要承担犯错后果被大众围观的压力，而后者往往会超出前者，这样批评的结果只能是失掉彼此已经建立的人际关系。

美国第28任总统伍德罗·威尔逊，被人称为“一扇老橡木做的门”，因为他从来听不进去任何批评的声音，只要有人提出批评意见，都毫不例外地被他挡在门外，而有个人的话他却听得进去，这个人就是威尔逊总统的智囊人物爱德华·豪斯，人称“豪斯上校”。

当年，威尔逊竞选总统时，豪斯上校被聘为顾问，成了威尔逊总统的资深智囊。那他是怎么敲开威尔逊那扇沉重的橡木门的，为什么固执己见的总统只听得进他的话？当年的支持是一个原因，而最大的原因在于他从不在公开的场合提出相左的意见。

豪斯很了解威尔逊，他虽然常常让大家提出批评意见，但从来不喜欢人当众提出，因为那样太失面子，他不仅不会改正，而且受情绪化的影响还会坚持到底，所以，豪斯平时会将威尔逊说的每一件事记在心里，如果觉得总统的做法有误，他便等总统一个人在办公室时，再去讲出自己的批评意见。

有一次，总统否定豪斯的提案，还在会议中指出了豪斯做事太过匆忙，不深思熟虑。豪斯点头没有说话，会议结束后，豪斯带着提案，趁总统休息时独自来到办公室。

他将那份否定的提案详细地向总统做了陈述，并且全面地分析了提案的可行性，同时也诚恳地表达了自己的批评意见，威尔逊始终没有说一句话。

几天后，威尔逊总统将提案再次提了出来，而这次提案的提案人变成了威尔逊，并将它公之于众。威尔逊总统还对豪斯说：“在我愿意听废话的时候，我会再次请你光临。”

无论提案人是谁，总之威尔逊总统对豪斯的提案予以了肯定。而且，从那件事后，豪斯在威尔逊心中占据了重要地位，威尔逊很多事情都喜欢与豪斯探讨。

豪斯也通过这件事情明白：“避免他人在场，悄悄把批评的意见‘移植’到总统的心中，这样，他的意见就可以顺利地被总统接受。”

其实，很多时候，我们在提出批评意见时，有些人不是不愿意接受，而是出于面子或者其他种种原因，不愿意承认自己的错误。人们常说：“你这人真是‘死鸭子——嘴硬’”，因为你的批评伤到了他的自尊心，打击了他的自信心，特别是对于那些自尊心极强的人来说，在这种情况下，他是无论如何也不会承认自己的过失的。

学生时代，我们曾经学过一篇文章《套中人》，人为什么喜欢活在“套”中，是因为怕受到伤害，而这时他出现过错，你在大庭广众之下对他进行指责，以为在大家的见证下他会丢掉错误，改正自己，其实，他感受到的只有屈辱。而且试想一下，你当着众人批评一个人时，众人的心里是怎样的呢？

有的人可能会以“看笑话”的心态去看着你俩；有的人可能会嘲笑被批评者无知；有的人可能会嘲笑你的情商低……总之，百人百心，而且在这些人中总会有一些“吃瓜群众”，何必让他们当戏看呢？

汤姆·华纳森之所以被下属敬佩，就是因为他从来不会当众批评任何一个人，无论是普通员工还是管理人员，他总会留下面子。

一次，他到波士顿百货视察，想看一下商场的经营情况和员工的素质。当他走到一个饰品专柜时，看到一位顾客站在柜台前，而服务员正忙着和朋友聊天，没有理会顾客。

华纳森默不作声地来到柜台前，亲切地对顾客说："您好，我是这家商场的经理，有什么可以帮您的吗？"

他一说话，服务员就注意到了，吓得不知所措，想上前帮忙又不敢，只能呆呆地站着。

在华纳森的"服务"下，顾客选到了自己心仪的饰品，华纳森将饰品交给服务员说："你帮这位顾客包装一下。"说完，他转身离开了。

华纳森的做法既给服务员留了面子，又起到了震慑、批评的作用。如果当时华纳森冲上去，大声指责服务员，不仅会使服务员下不来台，还会影响顾客的购物情绪。批评，没有必要非得横眉冷对地严厉指责，也没有必要非让众人见识你的"能力"，你给别人留下三分面子，也就是给自己留了面子，俗话说："说话留得三分面，只为日后好相见。"

批评，是沟通的一部分，更是情商的外在表现。我们要懂得沟通的艺术就要学会批评的艺术，将批评变为私下的交流，或者变为默不作声的示范，那效果并不比当众点破差。人前莫说人，给别人留下三分面子，更是为自己树立良好形象的好办法。

对事不对人，批评不伤情。

沟通中，平和的交流或者高调的赞美更容易赢得人心，那么人为什么要批评呢？有人会说："有什么办法呢？批评也是为了让他改正错误，有更好的发展呀！"那么既然必须要批评，就要掌握批评的原则，我们说出的每一句指正的话都要以“事”为论据，不能否定一个人。因为错误的产生，大都是事情出了差错，而做错事的人最初目的也许并非如此。

所以，任何一种形式的批评都要“对事不对人”，像一些有伤于人的话不能说出口，特别不要进行人身攻击，如“你是不是脑子有问题，这么简单的问题怎么就解决不了呢？”“你看你怎么就不长记性？”“这么简单的事你都可以出错，是不是没用心？”这类话对人是最大的伤害，因为他应该并不想做错事，只是因为某些原因出了差错，这种对人的指责是很难达到批评的目的的。

试想一下，如果做错事的人是你，本来你就很愧疚处于自责中，这时再来一个人对你进行“人身攻击”似的批评，你的自责情绪就会慢慢转化：有些人因为受到了“攻击”而变得心安理得，不再去进行自我分析，那下次可能他还会做错事；有些人受到了“攻击”会变得更坦然，不会再自责因为自己已经受到了严厉批评；有些人听到那些话后可能会被触动“逆反心”，错就是错了，你骂也骂了，我就这样了你又能怎么着吧？……

总之，你以为你的沟通起到了效果，实际上已经歪曲了批评的本意。这就像小时候考试失利时，家长说：“你怎么考的？你怎么这么笨，你看人家小孩儿考得多好！”与其这样指责，不如说：“考不太好，那你快找一下原因吧，是因为哪些知识点没有掌握吗？你要再次巩固一下。”当然第二种沟通方式下，孩子更会认识到错误，也更能纠正自己的行为。

小刘是某公司的销售代表，工作业绩一直不错，但百密总有一疏，有一次不小心在工作上犯了一个很大的错误。

也正是这次失误，给他们带来了很多麻烦，还导致公司损失惨重。

老板把小刘叫到办公室，骂了个狗血淋头，那样子就像是要把小刘吃掉："案子在手中，之前就要做好充分准备，将可能出现的问题都要一一列出来，这次就是因为考虑不够全面。下一次一定要多思考，多做假设，多设方案，将有可能出现的所有问题都列出来。还有，多与同事交流，让他们在你遇到困难时能够伸出援手，这可以长本事。"

整个过程中，老板始终没有否定小刘这个人，也没有进行人身攻击，而是就事论事，分析小刘错误的原因。所以小刘虽然挨了骂，但也被骂得心甘情愿。

下班时，小刘将补救方案做完才离开公司，正当他下楼时，遇到了同样加班离开的老板。小刘本来想躲着老板点，打算走步行梯，但老板早已经发现了他，主动上前与他打招呼："你这是主动加班加点了呀？"老板笑着说，"我也做了个方案，回头发给你，看看对你有没有帮助。"

小刘突然语塞，不知道说什么好，不好意思地低下头。

"你怎么这么没精神？累了吗？"老板关心地问。

"不是的，谢谢老板关心，"小刘更不好意思了，"老板，因为我的不小心导致公司损失了这么多，您上午还那么生气，现在怎么对我又这么亲和呀？"

老板笑笑说："你造成的损失是因为工作失误，我们已经分析了错误原因，以后避免出现就可以了。再说了，你那么努力地改正错误，现在又不是工作时间，我为什么要给你脸色看呀？"

一个真正有着大将风度的管理者，从来不会以势压人，也从来不会在下属面前显示自己的优越感。

每个人都会犯错，犯错后心里本就会有很大负担，这时候就需要我们就事论事，不能一件事否定一个人，这样才会让对方更加信服，我们所说的话才更有力度。

生活中也是如此，很多时候矛盾之所以被激化其实都是语言使用不当造成的。假如你的丈夫忙于工作，将你的生日忘了，回到家后再三解释，可是你总认为他是对你不够重视，或者他有了外心。之后，你会越想越气，本来一件小事最后激化为感情危机。其实，你完全可以就事论事说：“你将我的生日忘记了，是不是最近太累了？或者工作太忙了？你是不是该向我解释下呢？”此时，丈夫可能会对你更加歉疚，也会增进夫妻之间的感情。

再如，婆媳问题是自古就存在的，之所以婆媳会存在矛盾，往往就是因为一些小的误会没有得到更好的解决。媳妇在娘家被宠了二三十年，已经形成了一定的生活习惯，所以初为人妻，到一个新的家庭生活，一定会遇到很多问题，如果此时互不体谅，不就事论事，只是一味地以偏概全，一件事否定一个人，久而久之根深蒂固的婆媳矛盾就形成了。

伏尔泰曾经说过：“虽然我不同意你说的每一句话，但我誓死捍卫你说话的权利。”聪明的人从来不会因为一个错误而否定一个人，因为那样就会显得过于“小气”，无论是职场还是生活，最忌讳的就是“以偏概全”“一票否决”。

因此，就事论事是一个人的处事原则，更是一个人建立良好人际关系的沟通原则，主观臆断的人往往会变得很盲目，因此遇到事情，甚至需要批评指正时，一定要客观分析，对事不对人，如此对方更容易接受，你也能很顺利地达到目的。

## 第六章
## 放下你的好人情结，巧妙拒绝别妥协

一个不懂拒绝的人，往往会成为人际关系的受害者。他要么总是把别人的事情优先处理，要么全盘接受别人的无理要求……长此以往，他们的工作和生活处处受损，身体和心灵无不憔悴，人生一直处于被动状态之中。所以，你必须学会高明的拒绝艺术，这是当务之急。

## 高情商拒绝，跟谁都不伤感情

在沟通艺术中，“不”是最难说出口的。无论是职场还是日常生活，面对别人的请求，或者要求，很多人都难以将“不”说出口，还有一部分人可以说“不”，但说完之后得罪一片人。无论你是一个“老好人”，还是一个“出口成罪”的人，都是因为情商较低，没有学会沟通的技巧，不懂得高情商的拒绝。

不是所有的拒绝都伤感情，不恰当的拒绝，自然会造成双方沟通不快，导致彼此交情出现裂痕；但如果拒绝得恰当，既可以给对方一个台阶下，又可以不为难自己，自然不会伤感情了。语言的艺术在于巧妙地运用；沟通的技巧在于灵活地应对；拒绝的技巧就是运用巧妙的语言来灵活应对别人的每一次请求，不伤己，也不伤人。

想要运用高情商的拒绝，就要学会“婉拒”，也就是采用先承后转的方式去拒绝别人。具体操作起来就是当别人有求于你、向你提出一些要求，你将他话中值得的部分或者合理的部分顺承下来，这就好比给自己设置了一条缓冲带。之后，再将自己的为难之处，或者不能答应的理由告知对方。这种方法完全避免了直接拒绝而带来的生硬感，也能给一些聪明知趣的人一个台阶，双方都不会尴尬。

某市一些常年带高三毕业班的老师组建了一个机构，专门给高三学生补习，因为这些老师都很有名，所以一开始报名就已经人满为患。

很多慕名而来的家长带着孩子进门后，第一句话就会说："我的孩子今年没有考上大学，我没别的办法，只好找您帮忙来上补习班，请您无论如何也要帮我这个忙。"

或者说："我的孩子高三成绩平平，请您帮帮忙，提高一下他的成绩吧。"

在前台接待的一名聘用来的刚毕业的大学生，她听到家长这么说，马上反驳："这怎么可能！不是说上完课就能考上大学的，再说如今我们教室已经坐满了，不再招生了。"

这位前台以为她这样说可以完全打消家长的念头，将家长们挡在门外，谁知，越来越多的家长涌向这里，有的甚至已经来过很多次。因为被拒之门外，家长的情绪也越来越难控制，有的甚至还直接冲着前台大发脾气。

无奈之下，前台只好请一位资历颇深的教师来解决这件事情。

这位老师请几位家长作为代表，将他们请到会议室中，听完家长的诉说，他感慨地说："孩子考大学是人生的大事，我很理解你们现在的心情，我告诉你们吧，去年我家孩子考大学，我也很着急。"

这时，家长的情绪已经稍微稳定了，老师继续说："可是，你们也看到了，我们这个地方很小，只有一间教室，现在连讲台两边都摆上书桌了，学生你挨我我挨你的，实在没有地方了。我想你们也不想让孩子在这种艰苦的环境里听课吧？”

几个家长看了眼教室，又想了一会儿，说：“好吧，那下次开班一定优先通知我们。”

老师笑着说：“好的，那是当然。”

后来几天，再也没有家长前来纠缠了，前台的大学生对这位老教师心生敬意，她激动地说：“老师，还是你厉害！”

老师笑笑说：“年轻人，这拒绝可是很容易得罪人的，你得好好学一学呀。”

的确，在人与人之间的沟通交流中，最容易得罪人的就是“拒绝”。赞美得再不恰当，别人也知道你是出于想讨好的心态；批评得再不恰当，也是在别人做错事的前提下进行的；唯有拒绝，对方有求于你，一定是鼓足了勇气才开的口，但如果你一口回绝，就好比直接在人家的脸上打了一巴掌，估计对方除了疼之外自尊心还会受到极大伤害。

像上文的老师一样，先去肯定家长，与家长拉近距离，缓和他们的情绪之后，再讲道理、摆困难，让家长们知难而退，自愿退出。此时，家长们不会觉得自己是被拒绝，心里自然不会不舒服。这就是“先承后转”的拒绝方法，而且这种方法几乎是“百发百中”，不伤感情。

用最直白的话来说，当别人有求于我们时，他们的心理本就很复杂，这时的“不行”可能会使他们恼羞成怒，所以必须先以肯定的态度安抚对方的情绪，在保全对方面子的基础上再去拒绝，就会达到我们想要的效果。

但是，“先承后转”的拒绝方法在运用的时候最忌讳的就是用谎言去转。用谎言去拒绝是最愚蠢的做法，因为谎言迟早会被拆穿，即使今天你达到了完美的效果，当明天谎言暴露的那一刻，你们之间的交情也就结束了。

小张和小李是发小，他们在同一个小学，同一个中学，同一个大学，可以说是从小玩到大，现在他们又在同一个城市里工作，自然关系比别人要亲近。

一天，小张找到小李，吞吞吐吐地开口说："我最近想做点小买卖，你看你能不能周济点儿钱给我，或者我俩一起做，到时候五五开。"

小李不是"守财奴"，好朋友借钱当然可以借给他，但正因为是好朋友，所以他最了解小张，小张是一个没有恒心的人，他做每一件事都是有头无尾，估计这个买卖也不会做太久，再加上小李刚刚贷款买了房，手里并没剩下多少钱了。

于是，小李说："小张，你张罗的这个买卖我很看好，但我也实话和你说，最近我刚刚买了房子，手头一时没有活钱了，所以我就不跟你合伙了。不过，我会帮你想想办法，问问银行的朋友，看看能不能拿到贷款，你看这样行吗？"

小张知道小李不会说谎，自然也没有理由强迫小李借钱，所以寒暄了几句就走了。

小李的拒绝方式就是"先承后转"，最重要的是他没有含糊其词，也没有编各种理由，他只是用事实告诉小张他无法将钱借出，而且还积极地与小张一起筹钱，自然这次拒绝不会伤害两人的感情。

总之，拒绝是一门大学问，掌握了其中的技巧，你自然就会应对得当，不伤情谊。

## 含糊其词，难以明确地拒绝

在拒绝人的过程中，我们要注意说话的技巧，尽量使用委婉一些的词语，避免使用强硬、直白的话语，以免伤害对方的自尊心，使得双方的关系没有挽回的余地。对于大多数人，当我们“婉拒”后，他们也都很“知趣”，不会再继续纠缠，但是还有一些人，他们曾经接受了“反拒绝”训练，你的委婉让他们听起来就是留有余地，所以他们会继续纠缠下去，令人不知所措。这样的情况下，含糊其词的委婉就已经不再适用了，必须要明确地告诉他“不”！

现在是个信息爆炸的社会，有那么一些人就很是“专业”，对你的“婉拒”满不在乎，听懂了却又装作没听懂，你无数次地忍耐之后他们却三番两次地纠缠，所以这时你就要明确地表示自己的观点。当然，再明确地表示也要注意用词，用词要婉转，但是态度却要坚决，明确地表达自己的拒绝。只有做到用词委婉、态度坚决，才能既不伤害别人，又达到自己的目的。

那在什么样的情形下我们要这样明确拒绝呢？对于什么样的人可以使用这种沟通方式呢？我们留意下身边就会发现，这种人无处不在。如今社会发展迅速，涌现出了一大批“电商”，顾名思义，他们主要是通过邮件、短信、微信等现代化的通信手段达到推销的目的。

所以，无论是你专心开车时，还是因工作忙得焦头烂额时，总会收到一些这样的电话：“您好，现在我们某某产品有优惠活动……”“您好，我们这里有最好的房源……”“您好，您需要贷款吗？”……当然，这些推销来自陌生人，你大可以直接说“不”，但是，如果这些人是你的好朋友、亲戚呢，你就要认真思考下如何拒绝了。

萌萌初为人母，整天沉浸在做妈妈的喜悦之中。

每一位妈妈在孩子出生后都会想很多，如何教育孩子，如何培养孩子，怎样给孩子一个安全舒适的环境等，都成了妈妈思来想去的问题。

萌萌也不例外，她希望给孩子最完美的保障，更希望孩子能够健康快乐地成长。

在萌萌的朋友圈中，有一个大学同学，一直在保险公司上班，而且周围朋友也给过萌萌建议，让她为宝宝买一份适合婴幼儿的保险。

于是，萌萌便给这位老同学打了一个电话，但听了介绍后，她觉得这种保险买起来并不合适，便说：“不好意思老同学，我再考虑一下吧。”可正是这个电话，让萌萌陷入了忙碌中。

这位老同学总是给萌萌打电话，还不时地给她送来一些小礼物，这让萌萌很矛盾，她一再地委婉拒绝，可那位老同学就像是没听懂似的。

不仅如此，也不知道为什么，除了这位老同学外，很多家保险公司的推销员一个劲儿地给萌萌打电话，有时孩子刚刚睡着就被电话吵醒了。

“姐姐，我们公司的产品非常适合小宝宝，而且还有非常好的优惠政策，只有一个月的销售期限，过了这个村就没这个店了。”“姐姐，你考虑得怎么样了？孩子的保险问题可不能忽视啊！现在给孩子一个保障，可以让他的未来更加美好……”这种电话，萌萌每天至少要接三四个。

一个月后，萌萌被打扰得不耐烦了，她对那位老同学说：“我不想给孩子买保险了，请你以后不要打扰我了。”

老同学听了很不高兴，指着萌萌说：“是你打电话问我的，我也是出于好心，将你的电话给了几个同行业的好朋友，你一直说考虑、考虑，我们都以为你觉得条件不合适呢，你现在还急。当初要是你说我不买，那我们就不会在你这儿浪费这么多时间了。”

萌萌本来理直气壮地拒绝，结果却受到了对方的指责，一时愣在那里。

其实，萌萌犯了一个最大的错误，就是“留活口”。一些推销员，只要你不明确地说“不”，他们就会觉得一切皆有可能，所以会不遗余力地卖力推销。有些时候，即使你明确地说：“对不起，我不需要。”他们也会再三向你请求：“我们这个产品功效非常好，现在三折优惠……”此时，如果你的托词是“以后再说吧”，他们就会逮到机会，以为有机会。

对待那些推销员态度要明确，而对待生活或者工作中的一些纠缠不休的人更要态度明确。对待感情的问题也是如此，有些人因为拒绝不明确而惹上了很多是非，给人一种滥情的印象。所以，该明确拒绝时就不要含糊其词，因为你的委婉只能让人觉得有可乘之机，有机会他们当然就不会放弃，摆脱不掉也是自己造成的。

拒绝，对真的有求于你的人可以委婉，这是在给大家留面子；但如果对于那些“装糊涂”的人就要态度明确，不要拖泥带水，让自己陷入混沌之中。

## 转移话题，顾左右而言他

当别人有求于你被拒绝时，他们心里想的是“给我一个理由”，你心里想的也是“我该如何给他一个理由？”这种“理由”就是转移话题的工具，它像一块“挡箭牌”，我们不正面拒绝，顾左右而言他，“理由”就成了你拒绝他人的媒介，替你巧妙地说“不”，且不会引起对方的不满。

其实，很多情况下，拒绝别人时都可以找到“理由”的，但这个理由不能是编出来的，如果过于虚假，那别人会觉得你不真诚。所以，你因为需要拒绝而转移话题时，一定要选择好话题，让它合情合理，对方听起来也更容易接受。

木子是个很随和的人，脾气好，喜欢帮助别人。如果谁请他跑个腿、帮个忙，他都会非常痛快地答应。大家都说他身上没有年轻人身上的自私、傲气，因此他受到很多同事的欢迎。

但是，有一点让木子很烦恼，因为他会活跃气氛，人缘也不错，所以聚会的时候大家都喜欢叫上他。而且，同事们只要一聚会就会喝酒，还会热情地招呼他喝酒，有的时候甚至与他拼酒，让他难以招架。

年轻人喜欢晚上一起喝喝酒、吃吃饭，一起聊聊八卦，放松放松是很正常的。但是，木子并不喜欢这样的场合，他比较喜欢窝在家里，或是看看书，或是看看球。更重要的是，木子并不喜欢喝酒，也非常讨厌那股很浓的酒臭味。

因为木子随和的个性，他把自己变成了“老好人”，虽然心里很不乐意，但也不好意思拒绝。一来二去，公司的同事都认为木子喜欢喝酒，并且酒量非常大。所以，大家一有饭局就会招呼他前去，就连领导招待客户都会带着他，让他陪着客户喝酒。

久而久之，木子实在忍受不了了，而且身体也渐渐吃不消了。木子的妻子是一位很聪明的人，她了解了木子的想法后，告诉他：“你可以把直接拒绝转个弯说出来，就像这样……”妻子悄悄地告诉木子，木子半信半疑，决定下次再有人要他喝酒时试一试。

果然，就在周五大家都准备好好过一个周末时，木子就接到了领导的电话：“木子，今天公司来了个重要的客户，你和几个同事一起陪着吃点饭。这个客户对公司非常重要，特别是你，一定要跟客户好好喝几杯，争取把单子拿下来。”

木子像往常一样，满口答应了领导，他决定就在那个酒桌上，试一试妻子的方法，看看是不是管用。

晚上，大家都在敬酒的时候，木子却换了个杯子，当着大家的面倒满白开水。木子的这个行为，让同行的人觉得惊讶不已，领导的脸色更是变得非常难看。

领导严肃地说：“木子，你是怎么回事？和客户吃饭，你怎么能喝水呢？”

木子恭敬地站起来，不好意思地说：“非常不好意思，各位领导！我今天实在是不敢喝酒了！因为媳妇和妈妈都下了命令，今年必须生个猴宝宝，所以我必须现在就得戒酒，否则媳妇就要和我闹离婚了，妈妈也会把我扫地出门。各位领导，大家就请原谅我吧！我这里以水代酒，先替孩子谢谢各位叔叔伯伯了！”

他这一席话说完，把领导和客户都逗得哈哈大笑起来了。

客户还对木子的领导说：“原来是有造人计划啊！咱们可不能耽误了木子的人生大事啊！”领导也笑着对木子说：“我可不能成为罪人呀，回头你离了婚，被妈妈扫地出了门，我那可不收留你。”

木子笑笑，说：“那以水代酒，谢谢各位的理解。”

木子妻子所教的拒绝并没有引起领导和客户的不快，大家反而觉得他是一个顾及家庭、有责任感的男人。木子的拒绝方法就是转移话题，将明确的拒绝不明确地说出，而是用另一个话题将这个拒绝“遮”过去。

这就好比，一个孩子哭着要吃薯片，因为是膨化食品，你不喜欢让他吃，你如果说：“不行，不能吃。”他可能会哭得更凶；但你如果说：“薯片呀，我也觉得很好吃，但我给你推荐一个更好吃的怎么样？”孩子一定会对你的推荐感兴趣，忘记薯片而不再哭闹地向你请求。

找个借口就能帮助自己解开难题，从而巧妙地拒绝，这就是沟通的艺术。在职场或者生活中，很多时候都不能直接拒绝，因为那是很伤人的，当接收到别人的请求而自己不能完成时，与其拒绝伤人，不如转移一下话题，在你转移话题的一刹那，聪明人早就已经明白你拒绝的意思了。

转移话题可以转到对方的兴趣点上，也可以用一个理由解释自己拒绝的原因，也可以将话题转移开，用请求的方法将包袱甩给对方，更可以“移花接木”“借力打力”……总之，只要你能想出的、当时反应出来的所有话题，都可以成为你表达拒绝的借口。

对不合理的请求，就要说“不”，但考虑到做人要周全，直接拒绝绝对是不可取的，所以就可以为自己找一面“挡箭牌”，转移你们正在交谈的话题，你话锋一转，不直接说“不”，也不再谈论他的请求，而是转移到另一个话题中，顾左右而言他，使对方知难而退，“凡事留一线，日后好相见”嘛。

## 反复强调“这事很头疼”

俗话说：“举拳难打笑脸人”，当矛盾冲突发生时，一个微笑可以解决很多问题。同样的道理，如果有人向你表达某些诉求，你可以用同样的方法，当然“微笑”会给对方希望，此时要用的策略是诉苦，反复强调：“这事很头疼”，你已经很为难了，那对方怎能还为难于你呢？

生活中，我们会和许多的人打交道，会需要面对许多来自他人的诉求，在我们能力范围内可以做到的当然可以答应，但那些超出能力承受极限的，是必然要拒绝的。我们不能做一个为难自己也要成全别人的“老好人”，“打肿脸充胖子”是最愚蠢的人际交往策略。

战争中，最优秀的战略就是让敌人不战而退；人际交往也是如此，回绝本就是很得罪人的，往往会令人不愉快，所以最好的拒绝方式便是让对方主动收回诉求，最成功的拒绝便是让对方知难而退。这种知难而退靠的不是暴力，更不是生硬地回绝，而是“示弱”，将“这事很头疼”摆出来。一般而言，“听话听音”，你已经表现得很为难了，那对方也只好主动收回请求了。

张勇是一个精明又勤奋的小伙子，而且情商很高，年纪轻轻白手起家，建立了一个规模不小的公司。

张勇的妻子有一个弟弟，他从小就被大家溺爱着，养成了不学无术、好吃懒做的毛病，如今，他已经年过三十连个像样的工作都没有，天天喝酒打牌，四处闲游浪荡。

这天，妻子经不住父母的唠叨，对张勇说："要不你给我弟弟在自己的公司安排个职位吧，哪怕可有可无的职位呢，我不愿意看着我父母天天为他发愁，你就当变相救济小舅子了行不？"

张勇知道他这小舅子是什么品性，但妻子既然请求，也只好答应。

他的小舅子刚入职时，虽然总是迟到早退，但至少没有无故旷工，比以前好了许多。

岳父母也因此很高兴，看到自己儿子有了改变，望子成龙的岳父即使知道自己家儿子是个什么德行，也感觉很骄傲，哪怕有一点进步，他们就会高兴得不得了。

一天，采购部经理工作中出了差错，张勇很生气，就将他调离了，所以，采购经理的位子就空了出来，采购部对于一个公司来说，是一个重要的机购，采购经理也需要常常出国考察。张勇就想效仿其他公司，搞一个内部竞争上岗会，从公司中提拔一个人上来。

这位小舅子听到消息后，盯上了这个职位，当然，他也了解自己，要真走竞岗路线，恐怕连第一关都过不了，于是，他决定"以情动人"。

他果断决定回家求助，让亲爹和亲姐出马去搞定姐夫。爱子心切的岳父以为自己的儿子有上进心，便爽快地答应了。

张勇接到了岳父的电话，说要请自己吃饭。张勇是一个聪明人，正在这竞聘时请自己吃饭，那一定是场“鸿门宴”。去吧，可能岳父会向自己请求小舅子工作的事，他可能要尴尬；不去吧，又不能驳了岳父的面子，思来想去，张勇终于想到了办法，欣然赴约。

酒过三巡，菜过五味，张勇便与岳父聊起天来，他知道岳父是个老革命，平时就喜欢看抗日剧，于是从××卫视热播的一部抗日神剧开始说起，他说：“以前我就在想，这国民党当年要钱有钱，要人有人，怎么就干不过共产党呢？看了昨天播的那集，我算是明白过来了。”

岳父饶有兴致地问道：“哦，你明白什么了？”

张勇笑着说道：“您还记得吗？军统那个长官，明明知道自己表弟不堪大用，可还是任人唯亲，结果如何呀？那表弟出了多少纰漏，说到底，国民党会失败，那是从内部，从根上出的问题，争权夺利，任人唯亲，长久不了。”

岳父从张勇的话中也听出了言外之意，一直到饭局结束都没好意思向张勇开口请求。

张勇就这样解决了一场危机，他没有直接等岳父提出请求，因为那时他再反驳，无论多么委婉，多么花哨都会晚了，岳父得到的信息就是张勇不近人情。所以，在岳父没有开口之前，张勇便用抗日剧的国民党类比小舅子，从侧面告诉岳父“这件事很令人头疼”，那岳父自然也无法张口说什么了。

从规律来看，人们在提出请求时都会有一些“引子”来探路，一个许久未联系的人如果说：“最近忙吧，我们一起吃个饭吧。”你不要以为他只是为了和你联络感情；好朋友如果说：“我最近遇到点困难……”

你不要以为他只是在告诉你他遇到了困难这个事实；同事如果说：“我的工作有些烦琐……”你不要以为他只是想告诉你他的工作困难……

当你在生活中，听到这些铺垫性的句子时，就要想好应对之策了，最好在他没开口之前就先拒绝。一个想借你钱的人说：“我遇到一个困难……”如果你不想借给他钱，那你就要告诉他：“是，我最近也挺难的。”一位想开你车出去的人往往最先问你：“你最近用车不？”你如果不想借车给他，就可以说：“用呀，最近每天都要开车上下班。”

有人要求你替他去参加过关考试：“我最近都没复习好，你周末有没有时间呢？”你便可以直接告诉他：“你学的这些我真是一窍不通，我周末有时间，你有事吗？”既然他学的你都不会，那他也不会再请求你替他参加考试啦。

战争虽然没有打响，但一定要先将工事修好，有备无患。回绝本身就是令人尴尬的事，所以，想让双方伤害和隔阂降到最低点就一定要未雨绸缪。当然，一个情商高的人从来不会将任何沟通变尴尬，而你与一个聪明人对话，他也不会在明知尴尬的情况下再向你提出请求。

诚然，这种“诉苦”式回绝没有一个固定的模式，我们只能从他的说话做事当中去判断，巧妙地拒绝是需要在实践中总结经验，不断尝试的，但它有一个宗旨，就是一定要让别人体会到你的为难，与对方达到共情后，他自然也就不忍再让你难上加难。

## 献可替否，拒绝后给点补偿

在批评中，我们可以运用“打一巴掌给一甜枣”来抚慰受到批评后低落的情绪，同样的道理，拒绝别人的请求时，我们一样可以这么做。无论是在生活还是在职场中，我们难免会遇到一些自己无法答应的请求，当然，有一些我们可以委婉地拒绝推掉，但还有一些我们推不掉的就要“以小换大”，献可替否有时也是可以试一试的沟通方式，我们也称这种沟通拒绝方式为“补偿式拒绝”。

献可替否，本意是臣下向君上进谏，劝善规过，将不可行的废止，提出可行性建议。拒绝自然更可以这样，如果对方向你提出请求后，你觉得难办那是因为他提出来的请求不可行，这时你自然可以提出一个可行性的解决办法，这样既可以避免你直接拒绝带来的不良后果，又避免了双方的尴尬。

张洋和钱枫是邻居，年纪相差不多，后来又就职于同一家公司，关系很好。

两人在公司的表现一直不错，升职也很快，但因为公司规模有限，而且他们正是需要用钱的年纪，在经济方面一直很紧张。

一天，钱枫突然忧心忡忡地来找张洋，不好意思地说：“洋子，你说咱俩从小在一起，关系好不好？”

“当然好了。”张洋听钱枫这么说，以为有什么重要的事要告诉他，便充满担心地问，“这还用说，咱俩这关系，谁跟谁啊！怎么突然这么问？发生什么事儿了？”

钱枫欲言又止半天，低着头直叹气。

张洋再次追问，钱枫终于不好意思地说：“唉……你说，我这，我这都不好意思张嘴。这不要结婚了吗，本以为一切都会顺利，结果人家女方妈妈非要房，说以后跟公婆在一起矛盾太多，为了不闹矛盾，我们必须买自己的房子，没房就不结婚。你也知道，我家条件一般，我工资每月除去生活费也剩不了多少，就是把我自个儿卖了怕是都不成！我真是不知道该怎么办了，哥们儿，要是你方便的话，能不能给我点呀？”

钱枫叨叨念念地说了一大堆，大概的意思就是找张洋借钱。按理来说，张洋是信任钱枫的，也不是舍不得钱，只是他上周刚刚结婚，这买房、彩礼、婚礼等哪儿不需要钱呀，他现在还预支了几个月的工资呢。

“哥们儿，我明白了，我给你出个主意怎么样？”张洋说。

钱枫心里很着急，点点头，认真听着。

张洋认真地问：“你告诉我，你现在和你女朋友的存款加起来够不够一套房子的首付啊？”

钱枫皱眉想了想，点点头应声："差不多吧，看要付百分之几了，大概还能剩点儿。"

张洋拍了拍钱枫说："那不就得了吗！还纠结什么啊！你们现在完全可以开始找房子了，到时候首付一交，剩下的贷款慢慢付，利息也不算太高。我不是刚结婚吗？我们就是贷款买的，听说我们那楼盘还有房，要不我们一起去看看，将来也做个邻居，一起做房奴？"

听了张洋的话，钱枫眼前一亮，终于如释重负地露出了笑容。

张洋运用"补偿式拒绝"将钱枫的问题解决了，很多时候，我们自顾不暇又怎么去帮助别人呢？这时，我们就可以用献可替否的策略，既可以解决眼前的问题，又不伤感情，可谓上上之策，其实，这也是一种"置换法"，在没有办法达到对方要求的情况下，我们可以提供一个自己的建议，将"危机"转嫁。

当你提出替代解决方案后，如果对方觉得合理，那问题自然而然解决；如果对方觉得你提出来的方案不可行，那也不会对你产生成见，相反可能会更加敬佩你的情商，有时甚至还会感谢你的出谋划策。

遇到不同的问题，要"替"不同的建议，而且态度要真诚，以防别人将你的建议误会成拒绝的托词。例如，有人请你帮他做方案，你不能说："我不会，你去别人那儿看看。"这种建议"转嫁"地过于明显了，你大可以说："我手头上还有些紧急的任务，而且也不太擅长你的领域，这样吧，我给你推荐一个人，他一定比我做得好。"如此来说，别人知道你是在拒绝，也知道了你的真诚，自然不会影响双方关系了。

当然，你还可以这样说："我现在也有工作没完成，不如我们一起加班，一会儿再一块去吃消夜。"这样地回答更是充满了智慧，没有直接拒绝，而是将请求置换出去，另外加一个提议。这就像我们小时候玩的投沙包游戏，当沙包投向你时，你必须接住后再投出去，如果你没有接住而沙包又打中了你，你便输了。

再比如，现在借朋友车出事的事件层出不穷，自己车自己人开着出了事，自然有保险公司来帮你解决，但如果你将车借出去，出了事那就会引出一大堆的麻烦事。因此，如果有亲戚朋友要借车，你又不放心，那你就可以告诉他："我开车带你去吧，毕竟我对这车的性能更熟悉。"这时，如果他有急事自然就会同意，并且会感谢你；但如果他只是借车玩玩，那也就放弃向你借车的请求了。

我们每天都要与人打交道，但是，想要得到好人缘，并不是做一个"老好人"就可以，而是要有自己的主见，可以办到的事情便伸出援助之手，帮一帮别人，因为"提出请求"本身就会下很大的勇气，俗话说："求人难，难求人。"既然对方已经提出了，你力所能及的情况下就可以去帮一帮。

当然，有些人的请求只是顺嘴一说，或者他们的目的就是"欺负"你呢，他们的请求已经超过了我们可承受的范围，或与我们的观念不符，即便碍于情面，我们也不能做任人欺负的"老好人"。"献可替否"的沟通技巧就解决这样的问题，他真诚你也要真诚，如果他不真诚，自然你就可以"转嫁"伤害。

总之，拒绝别人是最容易伤感情的，那么在拒绝时就可以给予适当的补偿，补偿式的拒绝向对方传达自己的意愿和善意，这样做不仅能够捍卫自己的权益和信念，也可避免让双方在感情上产生嫌隙和隔阂，破坏彼此的关系。

## 借力打力，让别人挡着你

与人沟通，虽然是面对面的交流，但很怕“当面锣，对面鼓”地一追到底，拒绝一个人更是如此，不能直接说，即使再委婉也不太好说出来，所以，我们可以借助别人的力量，来表达自己的想法。确切地说，就是借助第三方来拒绝别人，这就好比太极拳中的借力打力之法，让别人挡着你，自然被拒绝后的情绪不会伤到你，也给对方留下了缓和的余地。

举个最典型的例子，年轻人每逢回家都会被大大小小的相亲围绕，男女相亲时，即使你觉得对方很差，你们很不合适，最好也不要当面拒绝，因为那样会让对方很尴尬。古语：“留三分余地，换十分人生。”地球是圆的，人也说不准什么时候还会相见，所以要给对方台阶下。因此，相亲男女见面后，一般会有一位媒人，她所起的作用就是传话，你们愿意与否通过媒人的口传过去，既达到了目的，又不会伤及情面。

现在很多地方还存在着彩礼的陋俗，那这时更是需要媒人出马了，俩亲家如果直接谈彩礼，就会把本来的喜事谈得像一场买卖，是很影响情绪的，但加上媒人后，她在俩亲家中间传话、调节，最终达到双方满意。不得不说，任何一种行当的存在都是有其合理性的。

赵阳、玉玉和乔珊三个人是同事，也是非常要好的朋友，他们从一起入职到现在都在各自部门取得了点小成绩，相互陪伴和鼓励。最近，人事调节以后，乔珊自己被调到了楼下的部门，而玉玉和赵阳仍留在了原部门。

就在他们分开工作的一周后，赵阳突然对乔珊说：“你觉得玉玉最近说话带“刺”吗？她每次说话，背地里人们都叫她‘毒舌’呢。”

乔珊摇摇头，说：“为什么？是不是玉玉得罪什么人了？”

赵阳叹了口气说：“你是不知道呀，别说对别人，对我也很毒舌，我那天和她聊天，我说我那房子装修好了，现在就剩下买家具了。她可倒好，对我说‘以你那吨位，得买个承重强的床’。你说这话多伤人。”赵阳很委屈，再加上她最近正在为减肥烦恼，当然更听不得那种话了。

乔珊就劝赵阳说：“那是开玩笑呢，她没这意思。”

赵阳说：“不，她就是这意思，说我胖，即使关系再好也得注意礼貌吧，她绝对是有心的，还不知道在别人面前怎么损我呢。那天，她还说我……”赵阳又絮絮叨叨地说了很多玉玉的错误，还有玉玉如何与同事关系不好的话。

乔珊见赵阳情绪特别不好，就决定做一下赵阳的思想工作，她说：“如果我现在对你说玉玉做得不对，玉玉为人多么不好，玉玉要知道了会怎么想我？她要是在我面前质问我为什么说她坏话时，我又怎么回答？”

赵阳听了乔珊的话，笑了笑不说话了，她知道自己的做法很差劲，就像一个“嚼舌根”的村妇一样。

乔珊拒绝了与赵阳一起讨论玉玉，这种时候不能直接说“不”，因为那样会引起赵阳的误会，但如果与赵阳一起背后说人那更是不对的。所以这时，乔珊采用了“借力打力”的方法，做了一个假设，借玉玉之口将事情点破，自然赵阳也会很快理解乔珊的意图了。

借力打力，是太极拳技击技法的精髓，为什么看似瘦弱却可以战胜强壮的“肌肉男”呢？那是太极的玄妙，对方之力打来，沉心静气，保持自身太极体完整然后迎接对方的力量，使得对方的力就好像打在飞转的车轮上，打来时力气多大，就会受到多大的反弹力，这样敌人就像是在跟自己较劲一样，当然会失败呀。

如，一个朋友邀请你周末一起去爬山，但你已经与另一位朋友约好了逛街，这时，你不能直接说不，更不能坦陈不去的理由，你可以说：“我的一个朋友说，这个季节爬山不太好，小飞虫太多，而且还要准备登山的食物和物品，不如我们去逛街吧，省事又安全。”

朋友说，并不出自“我”之口，那自然可以跳出来，达到拒绝目的的同时，又不伤两人的感情，同时又把问题“转嫁”了出去——去逛街吧，那对方根本来不及感到被拒绝的伤害，就要来思考你扔出去的问题了，这才是最高效的沟通方式 。就像现在电视台的很多谈话节目大约都会有两个及以上的主持人，当遇到一些不方便问的问题时，一些副主持就会把话题接过去，既能达到采访的目的，又避免了双方的尴尬与紧张。

愚蠢的人直来直去，聪明的人借力打力。借别的事情将对方的请求替换掉；借别的人帮自己人挡一挡“杀气” 。借人之力，来达到自己回绝的目的，借力是一种智慧，更是一种高情商的表现。刀剑来时莫横冲，你不是铁打的，完全可以拿起一块盾牌，替自己挡一下，不伤人，也不伤己。

# 第七章
# 想做社交大咖，人情话、场面话妙语生花

很多人将人情话、场面话和空话、虚话，搪塞敷衍画上等号，事实上，讲人情话、场面话也是一种沟通艺术，是社交活动中必备技巧之一。在很多场合，人情、面子总是要过得去的，讲人情话、场面话就是维护彼此的感情和面子。现实社会就是这样，不讲反而不通人情世故了。

## 多说人情话，处处有人情

我们知道，人都是情感动物，而这种情感正是来自于人的心灵。一个心中有情感，懂得为他人考虑的人，说出的语言同样也是充满情感的，能够给别人带来情感的共鸣。同样的一句话，可以说得让人不忍卒听，但也能说得让人如沐春风，既然如此，为什么不用后者的方式来诉说，让彼此之间的沟通与交流更加“有人情味儿”呢？

有位哲学家曾经说过：“情感的本质是通情达理，是对一切存在事物的热忱而温存的同情，它的本质就是爱。”在日常与他人的相处之中，我们都会有这样的体会：那些说话充满温情的人往往会大受欢迎。这样的人总能够说出来一些饱含感情、很有情趣的话，使得大家很开心，相处得很愉快。

无论是在爱情婚姻还是在生活工作中，温情的作用都不可小觑，它不但能表达出人与人之间的真诚大方和善解人意，还能演化成一种沟通艺术，让人们的相处变得有趣，减少彼此的陌生感。

英国著名女作家阿加莎·克里斯蒂嫁给了一个小她13岁的考古学家马克思·马温洛，当有人质疑她为什么要嫁一个比自己小的丈夫，而且还是考古学家，她说："对于任何女人来说，考古学家是最好的丈夫，因为妻子越老他就越爱她。"

这一解释中既有克里斯蒂对丈夫的赞美，又以幽默的方式表达了自己对丈夫的温情，实在不能不说是一个绝妙的赞美方式。

而这位丈夫是怎么做的呢，据说有一次，他们夫妻两人因为小事拌了嘴，妻子不理会他了。丈夫过了一会儿，想和太太说话，可是太太就是不理他，于是，丈夫开始在所有的抽屉、衣橱里到处乱翻，弄得太太忍无可忍，她问道："你到底在找什么呀？"

"谢天谢地"，丈夫说，"我总算找到你的声音了。"

妻子听到这句话，一下子被逗笑了，两人马上就和好了。

这对夫妇充满温情的沟通方式，堪称典范。生活中，有些人总是把一些人情话与虚伪、圆滑画上等号，但实际上二者是完全不同的。一个虚伪、圆滑的人会为了获得某些利益而说出违心的语言；而一个真心赞美对方的人则会为了考虑他人的立场与心情，用更加充满温情的方式来表达真实的意见，拉近彼此的距离。这就是二者之间的根本差别。

在日常生活中，温情的话语除了化解沉闷无聊，还有着许多功用，比如：与人相处的时候化解冲突，增进感情；工作时保持效率，提升创意。温情的玩笑让人开心发笑，还能舒缓你我的神经系统，从心理学角度来说，可以大大提升幸福的感知能力，所以有人说，温情是我们最强而有力的沟通武器，也是幸福的外在体现。

丹丹是个刚大学毕业的职场新人，她所在部门的顶头上司杨潇在大家眼中一向为人刻板，要求极其严格。因为是公司的元老级人物，在公司里也算说话有分量的人，因此即便是其他部门与杨潇同级的经理，对她也都多了几分尊重。

丹丹毕竟刚进入职场不久，加上本身性格也开朗活泼，所以即便在公司，她也都表现得要比其他同事活跃一些，有时难免会显得有些“不靠谱”，因此，她每周几乎都会被杨潇拉去办公室训一顿，常常因此而郁闷不已。

丹丹的表姐知道她的情况之后，便给她出了个主意：“我觉得你那个上司杨潇不是什么坏心眼的人，只是要求比较严格，所以才会对你的某些行为看不顺眼，而且她虽然教训你，却从来没在工作上给你出过难题，还帮过你，可见她是个公私分明的人，以后你就多说点好话，多在背后夸夸她，你们的关系一定会改善的。”

听了表姐的建议之后，丹丹在同事面前开始学着说杨潇的好话，称赞她是个有责任心的领导，工作能力一流。每次杨潇训斥完丹丹之后，她也会诚挚地反省自己的错误，并感谢杨潇对她的指点。果然，渐渐地，两人的关系有了很大改善，丹丹发现杨潇身上的许多优点，而杨潇有时也会对丹丹表示称赞。

到年底的时候，丹丹不仅顺利度过了试用期，并在杨潇的推荐下成了公司第一个升职的新职员。

俗话说：“好话一句三冬暖。”那些充满温情的人情话，就如同拂面而来的春风一般，总能让人心情舒畅，温暖如春。语言的温度来自于人性的温度，一个懂得体谅他人，为他人考虑的人，必然会在沟通交流时表达出内心的温暖。

人与人之间的关系是相互的，你愿意用友好的态度和美好的话语去与人结交，自然也能收获相同的善意。一个心怀温情的人，口中自然能吐善言，更重要的是，语言的力量是双向的，当你总说一个人的好话时，不仅能让听到的对象感到开心愉悦，更重要的是，说得多了，这个人在你心中的印象也会变得越来越好。

内心的温情可以纠正我们的心理偏差，释放我们的心理压力，提高我们耐受痛苦的能力，帮助我们升华情感，增进我们的社交能力，总之，温情其实就是乐观主义，我们透过它来看待世界，它需要我们用温暖的心态去面对生活，它能加强我们的健康，改善我们的身体和情感，让我们拥有更多的幸福。

说话这件事其实真的并不难，甚至不需要花费多少力气。所以，我们不妨让自己的内心充满温情，这样潜移默化之中，说出来的话就会带着暖暖的情意。温暖的话语不仅能够温暖他人的心灵，也能够让自己变得越来越豁达，何乐而不为呢？

## 善于套近乎，跟谁都近乎

我们身边总有那么一些人，无论在什么场合，面对什么样的人，他们总能用一两句看似随意的话，一下子拉近彼此的关系，这样的人通常都有着极好的人缘，走到哪里都八面玲珑，让身边很多人羡慕得不得了。

其实，想要得到别人的好感并不难，嘴甜一点会套近乎就行了。大家不妨回想一下周围那些让你觉得有好感的人，然后把你和他们相处的日常都迅速回忆一下，找找看这些人的共同点，发现了吗？他们未必全都能言善辩，但一定都很会套近乎，总是能不动声色地说一些对方爱听的话，让别人听了就高兴。

当然，这里所说的“套近乎”并非曲意逢迎，而是会说话，能够抓住对方身上优点和闪光点去加以强调，从而让对方感觉到善意和友好。

因为从心理学方面来说，人们之所以会对他人产生好感，主要是源于心理距离的拉近，而拉近心理距离这件事，我们却可以通过掌握一定的沟通技巧去提升自己，从而让自己收获更好的人缘。

很多人羡慕宋艳的好人缘，觉得她天生就讨喜，尤其是有长辈缘和领导缘。但宋艳自己可不这么认为，这世上哪有这么多的“天赋异禀”呀，所谓的“讨喜”和“好人缘”，那也是一点点累积好感刷出来的！

在交际方面，宋艳是个极其注重细节的人，她一直觉得，人与人之间心理距离的拉近，实际上正是从一些小细节上开始的。你的穿着、打扮、举手投足的动作，甚至是你开口说的每一句话，每一个词语，都是能够帮助你“套近乎”的东西。

就说宋艳吧，她一直都有个很特别的习惯，就是记别人的名字，每当遇到一个陌生人，她都会下意识地去把对方的名字记住，下一次再见时，总能准确地叫出对方的姓名，而每次她这样做，显然都会让对方大吃一惊，从而迅速拉近彼此的距离，对方往往也会因为她的细心而对她好感倍增。

宋艳记得很清楚，自己刚刚考上大学的那一年，第一堂课是用来做自我介绍的，她和以往一样，习惯性地用心记住了每一个同学的名字。一个多星期之后，班主任突然召开班会，决定要选举班委。

要知道，大学时候的班委和初、高中是有很大区别的，初、高中时期，担任班委只要学习成绩好，讨老师喜欢就行了，所以通常都是由老师直接任命的。大学时期则不同，班委需要更多地参与班级的管理，协调同学的关系等等，换言之，大学更像是一个小社会，要想竞选班委的职务，比起学习成绩来说，人际关系往往要更重要。因此，大学时期竞选班委，通常都是由学生自己投票来决定的。

当时，宋艳报名参加了班长的竞选，和她一起参选的，还有几个非常优秀的同学。班主任给了每个人大概五分钟的时间，让她们发表一个短小的演讲来给自己拉票，大家上台之后，要么就开始罗列自己学生生涯中的光辉历史，包括获过什么奖项，以前在学校担任班委做过哪些事情等等，要么就铺陈未来的美好计划，包括竞选成功之后能为同学带来什么便利，组织什么活动等等。

宋艳是最后一个上台演讲的，轮到她的时候，不管是过去的光辉还是未来的展望，几乎都已经被说完了。宋艳没有走这些“老套路”，而是自信地微笑着对台下的同学说了这样一句话：“接下来，我会向大家证明，我比任何人都更适合担任班长的职务。”

接着，在众人好奇的注视下，宋艳微笑着走下讲台，走到每一个同学的面前，准确无误地叫出了对方的名字，并且说出了对方在一个多星期前做自我介绍时说的兴趣爱好和特长等等。毫无悬念，在雷鸣般的掌声中，宋艳最终赢得了大多数同学的支持，成了新一任的班长。

宋艳之所以讨人喜欢，能够拥有好人缘，很显然并不是所谓的“天赋”，而是因为她在与人交际时注重每一个细节，力求用细节打动人心，让对方感受到了她的真诚和用心。所谓的“套近乎”，其实就是在这样一个个的细节之中累积起来的。

很多时候，一个不起眼的细节，一句不起眼的话，就能给对方带来莫大的欢乐和幸福感，即便明知道是客套话，但只要态度够真诚，是发自内心的，也一样能让对方听得心花怒放。明白了这一点，我们才能够体会到“套近乎”这件事的最高境界。

有一次，主持人汪涵受邀上《鲁豫有约》，在谈及感情问题时，鲁豫问汪涵说：“你太太是你理想中的那种类型吗？就通常来说，大家都会有自己比较喜欢的类型，比如有人喜欢偏瘦的，有人喜欢眼睛大大的，有人喜欢头发长长的……”

鲁豫说到这里的时候，汪涵突然插了一句:“短头发的我也很喜欢。”

大家都知道，鲁豫就是短发的，汪涵此时插的这一句话，看似很随意，实则高明得很，自然而然地就把鲁豫给赞美了一番。当时，现场观众都笑了，当然，笑得最开心的还是鲁豫。之后节目进行得很顺利，可以看出，鲁豫在和汪涵交流的过程中，心情一直都十分愉悦。

其实，日常生活中我们身边有许多被称为“高情商”的人，就是掌握了在沟通过程中套近乎的技巧，所谓“见什么人说什么话，嘴巴甜一点，人缘不会差”就是这个道理，像上面提到的，记住每一位同学名字的宋艳，奉承鲁豫的汪涵，这种恰到好处的套近乎，本质上就是一种发自内心的亲近感，对于这种人，相信没有人可以抵挡得了。

无论是家庭生活还是职场之中，我们不妨多向宋艳和汪涵学习，学会在适当的时机说几句对方爱听的话，套套近乎，拉近彼此的关系，很多时候对于沟通的效果会起到出乎意料的推动作用。

其实生活中还有许多“套近乎”的技巧，就隐藏在我们日常待人接物的细节之中，关键是要掌握其“精髓”，要会拉感情，会夸赞，把话说得对方爱听，想听，让对方听了之后心旷神怡，这样才能达到更好的沟通效果，成为一个处处受欢迎的人。

## 见什么人，就说什么话

常言道：“见什么菩萨卜什么卦，看什么对象说什么话。”意思是说，说话要分人，针对不同的人采用不同的说话方式。

平时很多人都有这样一种片面的理解，认为“见什么人说什么话”是为人圆滑和虚伪的表现，这其实是一种错误的认知，相反，这恰恰是与人交流沟通的一项秘诀，是了解别人同时也能得到他人认可的一种说话艺术和技巧，是一个人社交能力、学识修养、处世态度的具体体现。

老张经常光顾家门口附近的一家理发店，而且多年来一直坚持让老板亲自给他理发，有时候人多，他宁可多等一会儿，也不愿让其他理发师给他理。说到原因，倒不是因为老板理的发型如何如何好，而是因为另一个原因。

这天，老张又到这家理发店理发，发现店里新招了几个学员，他自然按照惯例坐在那里等老板给他理。等待的工夫，老张发现，这几个徒弟，虽然看起来都很勤快，理发也很认真，但就是不会说话，面对一些顾客的问题或责难，往往不知该如何解决。

比如一位顾客理完发后，仔细照了照镜子，觉得不太满意，便提出意见：“这顶上的头发留得太长了吧！”

给这顾客理发的徒弟一听脸就红了，迟疑地站在那里不知该说什么好。这时，老板赶忙走了过来，笑着对顾客说：“先生，您这个脸型，留长点好，显得您很含蓄，这叫藏而不露，很符合您的身份与气质；短了，反倒跟你的气质不搭呢！”

顾客显然对这个解释很满意，微笑着离开了。

这时另一位女顾客也理完了，她照了照镜子，撅着嘴问给她理发的另一个学徒：“你怎么把我的头发剪得这么短呢？我说了只是修一下，怎么剪短这么多？”

老张心里暗暗发笑，这有嫌长的，还有嫌短的，看看你这下怎么说。

老板看到这边被质问的学徒半天憋不出一句话来，急忙走过来笑着说：“姑娘您这短发造型看起来干练多了，显得特别有精神，我们也是根据您的状态给您设计的发型，发型一变，整个人都不一样了呢！”

那位原本撅着嘴的姑娘听了这番话，又对着镜子端详了一番，点点头，满意而去。

后来理发时，老张忍不住跟老板聊起了这些，老板也毫不吝啬，一边理发，一边分享了他几十年来招呼顾客的心得体会。

“这每个人的脾气都不一样，有的急，有的慢，有的大大咧咧，有的斤斤计较，你跟他们说话，得挑他们喜欢的说，啥样人说啥样话，你这心里得有数。”

“比如我遇到过急性子的人，总是嫌理发慢，耽误时间，这样的人你得多夸赞这发型给他增加了气质和魅力，让他觉得他这时间花得有价值，他才能满意。”

“也有那些嫌我们理发太快，不够精细的，这样的顾客呢，你不能直接跟他辩解说你理的没毛病，又快又好，这样跟他们是说不通的，而是应该转移视线，比如说看他气质不凡，一定身居高位，工作繁忙，这样快一点，是为了节省他宝贵的时间。”

听了老理发师的这些话，老张忍不住冲他竖起了大拇指。看来就没有他搞不定的顾客，这也算是一门绝活了，这也正是老张每次宁可花时间等也要让老板亲自给他理发的原因所在。

老张临走时还特意关照几位学徒要好好向老板学学说话的方式和技巧，想必他们也从中学到了不少。而我们呢，更要从这位老理发师身上多多学习。所谓“见什么人说什么话”，并非是阿谀奉承的贬义，而是善于沟通，说话让对方更舒服的一种技巧。

被誉为“成人教育之父”的卡耐基曾经说过：“一个人的成功，约有 15% 取决于知识和技能，85% 则取决于与人沟通的能力。”可见，语言能力作为现代人必备的素质之一，已愈来愈受到人们的重视。因人而异的谈话方式不仅能表现出自己的素质，更能让对方在与我们的谈话中感受到尊重与信任，从而因说话而改善我们行事、做人的“场效应”。

有的人虽然有很强的语言表达能力，却凡事以自我为中心，涵养不足、目中无人，只喜欢谈自己感兴趣的话题，从来不顾及他人的感受。我们常能看到身边那些与周围格格不入的人，也偶尔能听到官腔十足，招致群众反感的干部讲话，这些都是活生生的反面教材，我们要学会从中吸取教训。

如果我们想要拥有比以往事半功倍的成效，就要向这位理发店老板学习，学会从说话方式上去改变：与上司说话敬重有加；与朋友说话真诚自如；与下属说话亲切自然。

比如我们与年轻人交流时，不妨采用一些富有激情，甚至是煽动性的语言；对中年人，应讲明利害，供其斟酌；对老年人，应以商量的口吻，以表尊重。

还有，如果我们能够根据职业的不同，运用与对方所掌握的专业知识关联较紧的语言与之交谈，则会大大增加他人对我们的信任感。

除此之外，也要学会有意识地捕捉说话对象的性格特点：比如若对方性格直爽，便可单刀直入；若对方性格迟缓，则要“慢工出细活”。当然，还应该针对不同的文化程度、兴趣爱好等差异，进行选择性的“渗透”。

常言道：一句话可以说得使人跳，也可以说得使人笑。在与别人沟通的时候，只要我们的方法正确，几乎没有解决不了的问题。前边那位老理发师的故事就足以证明：说话也是一门值得深究的艺术。

当然要想掌握这门艺术并非易事，首先我们必须加强自身的学习和修养，针对不同的人才能恰如其分地说出不同的话；此外，还要适应交际的广泛性，考虑不同文化背景下说话的不同特点，与说话对象保持一致。

比如面对女性对象，可以多称赞对方“有气质”，因为无论美丽还是平凡，泼辣还是腼腆，都不影响她有气质。哪怕是那些有自知之明深知自己外在条件一般的，也绝对会对“有气质”这样的夸赞受用不已。再比如面对男性对象，那么不管对方成功与否，不管对他了解多少，一概不用考虑，一定要强调他的才华，保证强调过后对方会乖乖地对号入座,笑而纳之。而遇到生意场上的男人,则一定要夸赞对方“有头脑”,因为一个商界人士,如果被人说“没头脑”,那是要比说女人难看、说男人窝囊更伤自尊的,因此要投其所好,称赞其有头脑,自然会让对方笑逐颜开。

因为从事不同职业、具有不同专长的人所掌握的信息和关注点常常是不一样的。如果从对方一窍不通或一知半解的问题引出话题,就会让人有味同嚼蜡或者无言以对的尴尬。如果能抓住对方职业或专长的特点而诱发话题,就能比较容易引发对方心灵的“共振”,进而产生共鸣。

## 社交“太极功”，助你掌控局面

马云，创办阿里巴巴，打造中国电商奇迹，拥有无数商界精英的头衔，可谓无人不知无人不晓。其实，除此之外，马云还有一个鲜为人知的身份：太极拳的忠实爱好者。早在20世纪80年代，马云就痴迷打太极拳，2009年专门拜师入行。甚至据传阿里巴巴招聘时，也会要求应聘者打段太极拳……

不过，马云身上还有另一种“太极功”，就是他在演讲和交谈过程中面对难题机智化解掌控局面的功夫。

有一次，马云在韩国接受访谈。主持人问马云：“您对电脑一点不懂，怎么还能成为中国电商界的老大？”马云淡定地回答：“我不懂电脑，我三万四千名手下懂就行了啊。”

主持人见其刁难被马云轻而易举地化解，有些不甘心，于是又抛出了第二个问题：“马云先生，您不是中国最聪明的人，为什么能成为中国首富？”

马云笑了笑回答道："我的确不是最聪明的，但是我可以让更聪明的人为我工作为我赚钱就行了。其实像王健林、史玉柱、刘强东他们都不是特别聪明的人，但是他们聪明的地方在于可以让更聪明的人帮他们工作帮他们赚钱。"

这一番见招拆招化解难题的回答，足可以看出马云在交谈过程中掌控局面的能力。在日常社交中，有许多这样的社交高手，在他们面前，所有的难题和意外都不足为惧，他们会运用自己的"社交太极功"从容化解，妙语连珠，令人不得不服。

在社交场合，我们总会难以避免地遇到一些突发状况，这些状况一旦处理不好，很有可能会引起争执，令场面陷入尴尬。如果你在社交场合遇到这种尴尬的状况，你会选择事不关己高高挂起，还是选择想办法主动去化解呢？

作为一名社交高手，一定会选择及时化解，缓解或化解尴尬的氛围，让交际活动能继续进行。因为缓和局面可以对自己很有益处，比如可以令在场的宾客对自己刮目相看，也能让自己成为社交场上的耀眼人物。

那些活跃在公众眼里的公众人物，许多都是这方面的高手，除了前面提到的马云，小米科技的雷军也是此道高手。2014年，雷军在首届互联网大会上发表了一番豪言壮语："五到十年后，小米有机会成为世界第一的智能手机公司。"

这时候，台下有些友商品牌代表就不开心了，竟然有人回了雷军一句："说起来总是容易的，但是做就没那么简单了！"当时说话声音很大，不光台上的雷军，现场好多人都听到了。大家顿时交头接耳起来，都觉得台上的雷军这下子一定挺尴尬。

这时，台上的雷军并没有因此而尴尬和停顿，而是紧接着说道："这件事情嘛，我记得马云讲过一句话：梦想还是要有的，万一实现了呢？"这句话用在这个时机是略带自嘲意味的，他用这句话化解了自己遭遇呛声的尴尬处境，赢得了台下一片掌声。

很多时候，之所以会出现尴尬的情景，就是因为有些人说了不合时宜的话，或是做了不合时宜的事情，于是导致交谈的双方甚至是所有人都感到难堪和尴尬。面对这种情况，那些情商比较高、沟通经验比较丰富的人通常就会巧妙地找一个借口，证明对方有悖常理的举动在此情此景中是正当的、无可厚非的和合理的，这样一来，对方的尴尬解除了，正常的交流和沟通也能继续下去了。

在上面的例子中，会场里不仅有雷军在，还有其他几家实力不凡的公司代表都在场，雷军在他们面前过于自信地说出的那句话，不仅显得雄心勃勃，而且相当具有挑战意味，自然会招致某些友商的不满和异议，而这时他以马云的一句关于梦想的名言为自己化解尴尬，给自己的话语加上了幽默和自嘲的韵味，削弱了其中的挑战意味，自然也就更容易让人接受。

生活中，我们在聊天时难免会遇到这样或那样的意外情况，如果处理不好的话就会令场面非常尴尬，甚至会引起不必要的纷争和矛盾。也许这份尴尬并不是由我们造成的，可是如果我们能够及时地化解，缓解尴尬的气氛，让交际活动正常地进行下去，让气氛变得轻松活跃起来，那么就可以让你迅速控制住局面，让别人对你刮目相看。

我们要记住，任何事情都包含着两重性，其中的对与错，利与弊是相对的。辩证地看待问题，得体地扬长避短，是沟通交谈的一种技巧。

从另一个角度来说，也是一门语言艺术，善于掌控局面的人都是精通语言艺术的人，他们通常可以灵活地运用各种语言，如幽默、自嘲、善意的曲解等，一句话就可以缓和尴尬的气氛。就如同太极功夫里的高手，看似轻描淡写，实则四两拨千斤，不动声色地解决掉问题。

日常沟通中，我们经常需要调解纠纷，化解矛盾，也经常会遇到各种意外，导致场面陷入尴尬和僵局。这时候我们不妨运用马云身上的“太极功”，用社交太极来处理遇到的问题，比如适当地幽默，或者是机智地打一个圆场，等等，都可以很好地消除误会，缓和尴尬的气氛，还有利于问题的解决和局面的掌控。

## 到什么场合，唱什么歌

我们日常与人交流时，都是针对一定对象，在一定场合下进行的。因此不管与对方什么关系，不管说什么话，都要考虑到场合问题。否则，即使说的话再正确、再动听，也不见得能让对方买账，甚至会引起别人的反感，造成不必要的矛盾。

某学校一位德高望重的老教授要退休了，学校特意为他举办了一个欢送会。会上不光有学校的领导和老师，还有这位老教授曾经带过的学生们。大家纷纷发言，言辞恳切，都对这位老教授表示了热情洋溢的赞扬，整个会场里一片温馨和谐的气氛。

这时，忽然有一个青年教师发言说：“您哪里都好，对学生负责又关心，就是对我们这些年轻老师态度却不太好，很多时候想请教您都被拒之门外，想得到您的提携真是难上加难呀。”

很显然，这个青年教师可能平时与老教授的关系不太好，他的话语中带着一种不饶人的刺儿，简直让人难堪。大家听得面面相觑，不知道该说什么；校领导也有些尴尬，赶紧小声吩咐身边的人去把那位青年教师叫走了。

而这位老教授呢，脸上笑容消逝，一下子变得尴尬起来，会场中出现了一阵令人尴尬的沉默，原本温馨和谐的气氛荡然无存。

这个青年教师就是说话不注意场合的例子，因为人之常情，在老教授即将离校时，在这样的欢送会上，是不应该提这些“不和谐”话题的，而是应该说一些得体的人情话，哪怕是违心地说点场面话客套话，于人于己都是很有好处的，何乐而不为呢？

而这位青年教师却说了截然相反的话，虽然可能确实有这个情况，但在这样的场面上说出来，起不到任何正面的作用，反倒显得他胸怀有限，不能容人，只能让人觉得不懂规矩，缺乏交际经验。

那些说话得体让人感觉舒服的人，往往都相当清楚什么场合该说什么话，比如在放松的场合言语也要轻松诙谐，在热情的场合言语也要充满激情，在肃穆的场合言语则要少而严肃，等等。

很多时候，话语本身或许并没有什么问题，仅仅因为场合的不同，就会导致话语说出来起到截然相反的效果，文学大师鲁迅就曾经用一个例子生动地阐明过这个问题。

说是有户人家生了一个孩子，全家非常高兴，满月的时候，抱出来给客人看，这个从人情世故上大家都能够看懂，抱出来给大家看，自然是想讨点好兆头。

一个客人说：“这孩子将来要发财的。”他于是得到一番感谢。

另一个客人说：“这孩子将来要做官的。”他于是收回几句恭维。

这时又有一个客人说：“这孩子将来是要死的。”

这第三个客人于是被大家合力痛打了一顿，直打得眼冒金星满地找牙。

相信每一位读者在这里都是大力赞同痛打这第三个客人的。虽然人都难免一死，说这孩子将来会死，从逻辑上来说没毛病，但孩子满月是喜事，主人这时愿意听赞美之词，在这个场合下讨论人的生死问题，被打到满地找牙也是不亏的。

什么样的场合说什么话，自古以来都是沟通交流的一大技巧，甚至是为人处世的基本准则。中国有句古话：“夫者存亡，嘴舌有责。”这句话虽然看上去说得有点严重，但其中包含着说话之于人生的重要而深刻的意义。

对于我们而言，在生活和职场中是否能走上成功的道路，或者能在成功的道路上走多远，虽不能说完全取决于说话技巧本身，但“说话识大体”、“有眼色”在一个人的成长道路上的确有着一定的影响力。

社会交往中，通常我们判断一个人的最直接方式就是通过他的言语表达，一个会“聊天”的人，能快速地判断出对方的实际情况和爱憎喜恶，然后谨慎地发言，随时注意场合和对方的好恶，力求不引起对方的反感甚至厌恶，这样的人自然在大家眼中会备受欢迎。

而有很多年轻人刚入社会时，总喜欢表达自己特立独行的风格，或者“独树一帜”，他们觉得那种不分场合的表达是自信的表现，也表现出了自身的优越感。其实这种想法太幼稚了，这种口舌之快，只能将自己的人际关系之路堵死。

就像前段时间在一档综艺节目中，某大学的两位博士因为爱好相声而去参加这档节目的竞赛，他们自己创立了“公式”相声，有“笑果预期公式”，这的确是一种创新，但现场效果并不是很好，于是一位资深相声名家想给他们提出修改意见。

结果这两位博士选手，竟然跟指点自己的导师吵了起来，不仅不认同不接受导师的意见，甚至说出了“你等着瞧，今天你坐这儿，明天我就坐你那儿”这样火药味极浓的话，引发观众一片哗然。

要知道，在什么样的场合，说什么样的话，既然去参加节目，尊重导师是必要的，当导师提出疑问时，这两位选手竟用“我指点”来回复，当导师不让通过时，他又让导师“等着瞧”。这种说话方式，可能在他们自己看来是自信，有张力。然而在这样一档拥有大批观众的媒体节目中这样说话，已然是不合时宜了，就如同很多观众所说的那样：如此高的学历，说明智商很高，可是为什么情商如此之低呢?

生活中，相信没有谁愿意做鲁迅笔下故事里那第三个挨打的人，大家都愿意做一个说话得体受人欢迎的人，那么，我们不仅要注重说话对象的问题，更应该注意说话的场合问题。见什么人说什么话，到什么场合唱什么歌，这样的交谈方法和沟通方式，才是一个社交大咖所应该具备的高端沟通力。

## 大智若愚，低调的才是高手

每个人都希望别人眼里的自己是聪明的、有能力的、优秀的，因此常常会为了塑造这样的形象而特意做出一些事情来“表现”自己。但其实，很多人都不明白，究竟什么才是真正的聪明，以至于聪明反被聪明误，反而做出了不少适得其反的事情。

其实，在与人交流的过程中，适当地表现出一点儿“愚钝”，往往比一味地追求“聪明”更能给人留下好印象。要知道，人天生就拥有表达欲，渴望得到表现的机会，获得他人的认同和赞美。你有这样的需求，别人同样有。

因此，懂得留一些表现聪明的机会给别人，反而会为你赢得更多的好感度，同时也规避了“自作聪明”的风险。

大刘在某市的一座高端写字楼上班，这座楼的二十六层到二十九层是同一家企业，就是行业内顶尖的那种大企业，大刘经常在电梯里遇到他们公司的领导和职员，其中有一个小伙子让他印象非常深刻。

因为经常在电梯里碰到这个小伙子，所以大刘留意到他大概是三个月之前入职的，看起来像是大学刚毕业的学生，是收发员之类的职务，因为总是见他跑上跑下送文件。不过大刘发现，这个小伙子没两个月时间就换了制服，有了胸牌，写着经理助理之类的职务，不再送文件了。

按理说新入职的毕业生，没理由升职这么快，但是大刘却一点都不意外，为什么呢？因为他发现，这个年轻人非常聪明，进公司不到一个星期，就能在电梯里喊出每一个同事的姓名和职务。

不过大刘对他升职不意外，并不是因为这些，而是因为另一个细节，也正是这个细节让大刘觉得这个年轻人大智若愚，前途不可限量。

那是一天上午，大刘下楼有事情，回来时刚好又在电梯里碰到那个年轻人，当时他还是收发员，拿着东西，可能是刚刚外出了一趟，电梯就要关门的时候，又进来了一个人，大刘一看，这是楼上那家大企业的高层领导呀，于是就暗中盯着那个小伙子，想看看他在领导面前怎么表现。

这小伙子果然第一时间认出了领导，马上就开口问好了，然后他肯定是要替领导按电梯楼层的，这个时候，他又问了一个让人意外的问题，他问道："赵总您好，请问是要到二十八楼吗？"

这位赵总当时有点不高兴，便反问道："你天天跑我办公室，难道你还不清楚我的办公室在几楼吗？"

年轻人回答说："我知道您的办公室在二十八楼，但我并不知道您是打算回办公室，还是要去别的部门办公，所以我不能自作主张。"

大刘当时几乎要为这位年轻人鼓掌了，聪明勤快，却知道藏而不露，懂得谦卑，他这样的人如果不升职，就没有天理了。

要知道，聪明人讨人喜欢，但自作聪明的人，就极其令人讨厌了。

但凡领导，都不会喜欢自己的手下猜度自己的心思，更别说替自己做决定了。

这个年轻人的聪明之处就在于，他懂得严防死守自己与领导之间的那条“界限”，哪怕只是像坐电梯这样一件看似无足轻重的小事，他也充分表现出了对领导的尊重和敬畏。这样做，乍一看，可能让人觉得他过于愚钝死板、不懂变通，但实际上，这正是他最为聪明的地方。

事实上，人生在世，不必处处争第一；而人际交往中，更不必时时出风头。交际不是竞争，不必把撞线当成最大的光荣。站在“C位”上的人不一定是胜者，那是一时的风光，却赌不来长久的顺畅。所以，我们不妨适时地学会低调，让对方处于重要的位置之中，从而使对方感受到自己被尊重，使相互间的谈话进行得更为顺畅。

我们在与别人交谈的过程中，只有充分地尊重对方，交际活动才能顺利地进行；如果你总是压制着对方，或者总想着强迫对方服从自己，对方一定会对我们产生敌对的情绪，从而失去对我们的信赖。为此，在交际中，我们应努力让对方感到交际的主角就是他。

因此，在交际的过程中，我们应该注意留意对方的反应，尽力使对方心情舒畅，做好“配角”，而且还可以做足事前准备，比如调查收集有关对方的个人信息。如对方喜欢什么，憎恶什么？对方讲话有什么特点和习惯？对方的优缺点有哪些？只有在这些信息的基础上才能写好一份能使对方成为主角并能打动对方的“剧本”。

那些推销高手，往往在见客户之前，都会提前准备好几个“剧本”，在这些剧本中，他们都会努力考虑到各种情形，然后设计对应的话术，目的只有一个，就是要让对方说得舒服，这样才能让对方感到自己被尊重和被重视，从而在不知不觉中引导话题走向，实现自己的目的。

就如同上面事例中那个聪明的年轻人一样，在沟通过程中要学会低调，学会把自己放在次要的位置上，虽然表面上看起来是被对方压过了风头，但实际上，沟通方向的掌控权却是牢牢掌握在自己手中，最终实现的，还是自己的目标，何乐而不为呢？

正所谓大智若愚，一个真正有智慧的人，是懂得收敛锋芒，审时度势的。因此，在社交过程中，想要赢得对方的好感，与其总想着表现自己，担负“自作聪明”的风险，倒不如加点儿“愚钝”，学会低调，把精彩留给对方。要知道，有时候，懂得低调才是真正的高手。

# 第八章
# 如果你还会讲故事，行走天下无难事

只会讲道理的人，永远打不过会讲故事的人。无论家庭、职场、商场、社交场，都不是只会讲道理就可以的地方。爱听故事是人的一种天性，会讲故事，你就可以更有效地激励、说服与影响；讲一个好故事，你完全可以打动任何人。

## 只讲道理的人，赢不了会讲故事的人

这个世界上最难的有两件事，你知道是什么吗？一件事是把别人的钱装进自己的口袋里；另一件事是把自己的想法装进别人的脑袋里。每个人都想把自己的想法装进别人的脑袋里，然而这是世界上最难的一件事情，有时比把别人的钱装进自己的口袋里更难。

比如，让领导同意自己的想法，让客户购买你的产品等，我们往往很难说服对方接受自己的观点，或者改变原来的主意，即便我们摆出一大堆的道理，因为每个人都有自己的判断依据，有自身固有的对事物的认知。这时你肯定会有一种挫败感，但你知道吗？如果我们换个方法，就可以成功说服对方。

还记得上学时，我们学过的一篇文章——《邹忌讽齐王纳谏》吗？

战国时期，齐威王由于久处高位，心高气傲，不听规劝，结果被蒙蔽得很厉害。臣子们不敢直言规谏，这天邹忌和齐威王谈及自己的事情，徐公是远近闻名的美男子，但妻妾、客人一直哄骗说邹忌比徐公美，结果邹忌再三照着镜子，仔细端详自己，却发现自己实在不如徐公，于是得出结论：“我的妻子认为我美，是偏爱我；我的小妾认为我美，是惧怕我；客人认为我美，是想要有求于我。”

邹忌以小悟大，将自身受蒙蔽的事情和国家大事联系起来，规劝齐威王：“如今的齐国，土地方圆千里，有一百二十座城池，宫中的姬妾和身边的近臣，没有不偏爱大王的；朝廷中的大臣，没有不惧怕大王的；国内的百姓，没有不对大王有所求的：由此看来，大王一定也和我一样受蒙蔽得厉害。”

就这样，齐威王被邹忌说服，欣然纳谏。之后广开言路，改良政治，齐国得以声名远扬。

我们可以想象一下，如果邹忌当面劝解齐威王要广纳规谏，齐威王能欣然同意并做出改变吗？如果齐威王心胸还算开阔的话，有可能听听也不计较，但是也很可能不会从善如流；如果齐威王是个心胸狭隘的人，那邹忌可能就有生命危险了。

在说服一个人的过程中，我们习惯性地会摆出一些事实与数据，而事实与数据是非常枯燥无味的，而且人们因为固有的认知，往往不愿接受现成的“答案”，反而更喜欢自己通过某种途径去思考，然后自己悟出答案！那么，用什么方式来呈现才好呢？答案很简单，没有比讲故事更有效的方法了。

讲故事可以赋予冰冷的数据和事实以生命，人们在无意间会被故事吸引，并引发思考，如此感受会更深刻，远远胜于直接讲一大堆道理。

只讲道理的人，赢不了会讲故事的人。

这并不难理解，比如当你要告诉一个人，做人应该诚信的时候，如果你仅仅只是告诉对方，诚信有多么重要，是道德和修养的体现等等，那么不管你说的话多有道理，估计都不会给对方留下多么深刻的印象。但如果这个时候，你用一个故事来告诉他，一个人诚信与否会造成什么不同的后果，那么效果就大不一样了。

前者之于对方来说，不过就是一碗没有什么滋味儿的“鸡汤”，营养或许是有的，但却缺少让人印象深刻的“味觉”体验。后者则显然更能引起对方的思考，增强代入感，让对方能够更加真切地体会到“诚信”二字的重要。毕竟比起红口白牙的大道理，具有逻辑性和现实性的例子显然更能让人感受到真实。

董谈在一家汽车机械厂做车间主任，他刚上任不久，车间生产的一批螺丝钉就因为质量问题被客户投诉了，虽然这是上一任主任留下的“后遗症”，但为了不让类似的事件再发生，董谈决定召开一次部门会议。当董谈提及螺丝钉的质量不过关时，底下就有人开始诉苦说大家已经非常努力地把关质量问题了，但几十万个螺丝钉出现个别几个有问题也是正常的，对方公司实在有些小题大做。

董谈想了想，没有过多地说话，而是说：“我给大家讲个故事吧。”

大家不知董谈葫芦里卖的什么药，都静下来不说话了，于是董谈开始讲起了故事：“在第二次世界大战期间，有一家工厂负责生产美军的降落伞，当时为了提高降落伞的安全性，美国空军军方要求降落伞制造商必须保证100%的产品合格率。该工厂引进新技术，改进现有的技术，采取了种种措施，使降落伞合格率提升到了99%，并一再强调任何产品也不可能达到100%的合格率，除非奇迹出现。”

听到这里，底下的人开始议论纷纷：“对，怎么可能有百分百完美的产品”“看来，这家工厂和我们一样，也遇到了刁钻的客户”“我也觉得是，那个美军司令有些强人所难”……

董谈轻轻地笑了笑，继续说道：“可是，当军方公布了新的检测标准后，奇迹出现了。你们知道这一检测标准是什么吗？美国军方改变了之前检查每一个降落伞的做法，而是在每一批工厂交付的降落伞中随机抽取一个，让工厂负责人背上后，从飞机上跳下。从那以后，合格率神奇地变成了百分之百。”

董谈的故事讲完了，大家都陷入了沉默。

这时，董谈语重心长地说：“质量是企业的生命，假如我们能像爱护自己的生命一样爱护产品质量，那么百分之百的奇迹又怎么不会出现呢？”

从那以后，员工们对待产品质量比以往更加严格，工厂再没出现过因质量问题被退货的情况，董谈也因此获得了总经理的盛赞。

面对一片质疑和辩论的声音，董谈没有指责自己的手下，更没有滔滔不绝地讲大道理，而是通过一个故事引起大家的深思，让大家顿悟，可谓事半功倍。

我们都是爱听故事的人，不知道你有没有过这样的经历：当看到一段长长的理论时就昏昏欲睡，而一听到“很久以前，有一个人……”，我们就能立即打起精神来，并且聚精会神地倾听。为什么会这样呢？原因很简单，当听到“很久以前，有一个人……”时，我们就知道一个故事即将开始了。

为什么我们这么喜欢听故事？其实不只我们，我们的大脑也很喜欢故事。当我们试着去理解一件事情时，大脑会开始自我挑战，不断寻找建立联结和刺激的方法。我们喜欢一切有情节的东西，当看到一出好戏，一篇好的新闻，我们会产生情绪上的反应，这是大脑接受资讯后开始产生的刺激。

在一家理发店里，有一个长头发的顾客喋喋不休地询问理发师："为什么你给我理发的时候，总是讲一些魔鬼和强盗的故事呢？"理发师笑着说："对不起，先生！你知道吗，当我讲这些故事的时候，你的头发就会竖起来，这样理起发来就容易多了。"这就是故事的力量，它来源于对人情绪的控制。

在沟通的时候，我们每个人都是有立场的，也都是有目的性的，所以我们说的话对方不会完全相信，也不一定会听从。而故事既有吸引力，又能感染人，自然就是优选的说服方式，可以迅速地掌握全局，何乐不为?

## 最感人的故事，来自最大的反差

网络上有一个很流行的词汇——反差萌，指的是角色同时具备几种看似完全相反，令人出乎意料的特点的“萌属性”。

在这一方面，美国电影《这个杀手不太冷》中的男主角里昂就是一个典型。里昂是一名杀手，在工作中他是一个冷血冷情、沉默寡言的人，然而在生活中他却憨厚、善良、单纯、可爱，还充满了责任感。他将牛奶当酒喝，平静地烫制衣物；看着无声的电视，并会被其中的情节逗得情不自禁地笑出声来；他会扮成小猪逗别人开心；他十分珍爱一盆绿色植物，每天认真地给它浇水、精心地呵护它。

凡是看过《这个杀手不太冷》这部电影的人，都会对里昂印象深刻，为什么？这正是导演的精心设计，影片中里昂职场上与私下生活中的形象举止有一种极端反差，一个“冰山”属性的人，同时又展露出“天然呆”的一面，令人出乎意料，从而使里昂这个人物形象既鲜明生动而又充满魅力，也无疑给影片带来了新意。

在讲故事的过程中，也要适当地利用反差，让故事具有反差，体现出矛盾和出乎意料之处，展现出冲突和火花，这样故事才能讲得跌宕起伏、精彩纷呈，也才能让人听得意犹未尽。

2005 年，在斯坦福大学的毕业典礼上，苹果前首席执行官乔布斯受邀曾发表了一篇演讲，这一演讲十分精彩。在演讲中，乔布斯一共讲了三个故事，而最令人印象深刻的，是他所讲述的第二个故事：

"我是个非常幸运的人，因为在很早的时候，我就已经找到了让我为之热爱并充满激情的东西。我和沃兹在二十岁的时候就创办了苹果公司，地点就在父母的车库里头，那就是苹果的发源地，那时候，我们怀抱着激情与梦想，为我们的事业投注了十二万分的努力。

十年之后，我们成功把公司从车库搬到了高级写字楼里，一开始只有两个穷光蛋的公司，就这样用十年的时间，发展成为了一家拥有超过四千名雇员的大公司，市值超过二十亿。很显然，这已经绝对称得上是一家大公司了。我们最好的产品麦金塔电脑是在公司成立的第九年发布的，那款产品是我们的骄傲，那一年我差不多快三十岁了，那是很特殊的一年，也正是在那一年，我被炒了鱿鱼。

很多人可能会觉得很奇怪，那不是你创立的公司吗？你怎么会被自己的公司炒鱿鱼呢？但事实是，我确实被自己创立的公司炒了鱿鱼。在苹果快速成长的时期，我们聘用了一位领导者，和我们一起管理公司，不可否认，他是个很有天分的人。最初的几年里，我们的公司运转得很好，但后来，在对公司未来发展的规划上，我们产生了非常严重的分歧，甚至因此而爆发了激烈的争吵。

最终，他赢得了董事会的支持，所以，就在我快要三十岁的时候，我被炒鱿鱼了。就这样，在众人的眼皮子底下，我被毫不留情地扫地出门，那时候，我的感觉，就好像是生命的全部支柱都崩塌了一般，简直就是毁灭性的打击。

最初的几个月里，我完全失去了人生的方向和目标，那时候，我完全失去了创业时候的激情。当初那些和我一起创业的人对我一定失望极了，我想我让他们感到很沮丧。我和戴维·帕卡德以及鲍勃·诺伊斯见面，当面向他们道歉，我把一切都弄得一团糟。

但很快，我就发现了新的曙光，我意识到一件很重要的事情，那就是即便发生了这一切，但我却依然深深热爱着我所从事的这些事情。苹果公司的经历并没有将这种热爱改变一丁点儿。是的，我被炒了鱿鱼，可我依然热爱它，所以我决定重新开始。

事实上，后来我才发现，那次被炒是我人生中发生的最棒的一件事，因为那个阶段，我重新体验到了作为一个创业者的轻松感，那种全然的自由，让我进入了生命中最具创造力的阶段。

接下来的五年里，我又创立了两家公司，NeXT 和皮克斯。皮克斯制作了世界上第一部由电脑制作的动画电影——《玩具总动员》，至今为止，它依旧还是世界上最成功的电脑制作工作室。再后来，苹果收购了 NeXT，于是我又在命运奇妙的指引下回到了苹果公司，在苹果后来的复兴中，NeXT 发挥了非常关键的作用。

如果我没有被炒鱿鱼，那么这些事情一件也不会发生。良药确实苦口，但患者也确实很需要这个药。

有时候，生活会搬起一块砖朝你头上砸去，但不要因此就失去信心，我很清楚，这个世界上，能够支撑我一直坚定不移走下去的，就是我对我所做事业的热爱。”

乔布斯的演讲之所以这样精彩，是因为他的故事里，每一个转折几乎都带着强烈的反差。从苹果创始人，到被解雇；再从失败的“失业者”，到创立 NeXT 和皮克斯；最终回归苹果。每一步的发展都让人出乎意料，充满了矛盾与冲突，让人在听的过程中不自觉地就被故事所牵引，期待下一步的进展和结果。

在讲故事的时候，我们也一定要懂得设计反差，在关键时候给人一种出人意料的震撼，这样才能牢牢抓住对方的兴趣点和兴奋点，让对方对我们所讲的故事感兴趣。

## 为故事制造悬念，吊足别人的胃口

如果一个故事，听到开头就立刻猜到结尾，那么这个故事必然是失败的，索然无味的，倾听者又怎么会愿意浪费时间来听呢？

“文似看山，不喜平”，这是我们熟知的一个道理。讲故事也是同样的道理，要想把一个故事说得有味道，吸引人，就要在情节上加工，设置一些细节来增加人们的“悬念意识”。

为了勾起人们的兴趣，在电影或电视剧的预告片中，导演往往会把最精彩、最有悬念以及最有画面感的片段放进去。因为导演很清楚，放出预告片为的是让人们对电影或电视剧产生观看的兴趣和欲望，而预告片时长有限，所以必须要拿出最精彩、最具悬念的东西，这样才能在最短时间内抓住人们的眼球。

有用吗？当然有。

潘方是一位非常优秀的广告师，业内人称呼他为“潘哥”。潘哥是某广告公司的设计总监，曾斩获过无数广告大奖，他常常挂在嘴边的一句话就是："做广告，你得吊足别人的胃口，勾起对方的兴趣，这样才有效果。"

在一次公司的教学培训上，潘哥正在给员工们播放一则自己设计的广告案例：

在黄沙漫漫的大西北，一条笔直的公路在沙地中延伸至天边。这里人烟稀少，只有一个小伙子站在路边，身后是一辆车，他不停地朝着路过的车抬手，然后又放下，再抬手，再放下。就在这时，终于有一辆车停在了小伙子面前，车窗摇下之后，只见车里坐着四个人。小伙子十分焦急地问他们："你们有龙头吗？"大家面面相觑，一脸不知所云地问道："龙头是什么？"小伙子摇摇头没有说话，一车人带着疑问开车离开了。

到这里，广告的第一段就结束了。员工们都非常纳闷，这广告到底是广告什么的？里头说的龙头又是何方神圣？怎么什么都没说明白！

接着，在大家的催促下，潘哥又播放了广告的第二段，虽然是不一样的场景，但依然还是那个帅气的年轻人，依然还在寻找神秘的"龙头"。每个人都聚精会神地看着，试图找到关于"马师傅"的蛛丝马迹，但很可惜这段广告依旧没有揭晓答案。而员工们的好奇心也越来越浓，恨不得潘哥赶紧揭晓答案。

看到这里，你现在是不是也已经对这个广告十分好奇了？好奇"龙头"究竟是什么？

见广告已经成功勾起了员工们的兴趣，潘哥笑着解释道："当时，这个广告勾起了很多人的好奇心，有不少人还专门到网络上去搜索'龙头'这个关键词，试图找到线索。大概在一个月之后，随着一款新产品的面世，'龙头'的神秘面纱才终于被揭开。你们能猜到吗？它是一家公司出产的一款润滑油产品。”

听到这里，大家这才恍然大悟，纷纷感叹这款广告的奇思妙想。

潘哥接着说道：“广告的时间是非常有限的，一则成功的广告，必须要能在第一时间就吸引住别人的视线，并在最短的时间里让人印象深刻。所以，我们做广告的时候，必须要学会设置悬念，让别人对你的广告产生兴趣，从而主动地去了解、去探索，这样你接下来要讲的内容才会有人听。”

我们与人沟通的时候也是一样的，如果想要让对方对我们产生兴趣，愿意花费时间和我们进行之后的交流，那么我们就得先勾起对方的兴趣，让对方对接下来的谈话产生期待和兴趣，这样才能为接下来的交谈争取到机会。

钱越是一位优秀的企业家，他曾在全国各地做巡回演讲，谈论有关创业的事情，他开始的方式总是无比高妙，让人们由衷地佩服。他时常是这样开始的——“在我创业的过程中，我遇到一生中最让我震惊的一件事情。”这样的开场白会对听众产生什么效果？亲眼看看听众的反应就知道——人人都聚精会神地盯着钱越，他们急着想听听他为什么会震惊，他又是怎么应对的。

听到这些开场，你是不是也希望听下去，想要知道更多的内容？

所以，在沟通时，我们要懂得为故事制造悬念，利用一段比较离奇的故事、一次不凡的冒险或者一位著名的人物的话，甚至贯穿全文的一个具体事物、人物某一时刻的神态等作为沟通的开始，吊足别人的胃口，激发别人的兴趣并加以关注。只要能成功做到这一点，我们的沟通就将事半功倍。

## 卖产品，就是卖故事

有太多的销售人员抱怨客户不好谈、生意不好做、企业不好干，但事实上，有时候你缺的不是好的产品，好的市场，而是好的沟通能力。不少销售人员不清楚讲故事的重要性，经常头头是道地讲解产品特性，但是这样的讲解方式太过死板，无法与顾客产生共鸣，如此的销售也注定会不成功。

在推销过程中，推销产品的品质是最重要的，在此基础上，我们还要适当地讲一些动人的故事去协助推销，这样一来可以活跃一下谈话气氛；二来可以引起客户的好感和兴趣；三来故事可以为你的推销带来更强的信赖感。在此基础上，再推介你的产品，推销产品的成功率就会高许多。

下面来看一个故事，也许大家就会有一定的了解了。

一所小区对面的市场上开着三家水果摊，这天张大妈想买一些苹果，便来到水果摊前询问，“苹果怎么样啊？”

第一个摊主很热情地回答：“你看这苹果保证很甜！”

可张大妈看了看并没有买，接着又问隔壁的商贩，第二个摊主并没有先夸自己的苹果，而是询问：“大妈，我这里的苹果有几个品种，有酸的，有甜的，请问您要什么样的？”

张大妈拿起苹果看了看，“我要买酸一点的，我家儿媳妇怀孕了，想吃酸的。”

第二个摊主立即推荐了一款苹果：“这个酸，而且脆。”

但张大妈依然没有买，接着来到第三个水果摊前，摊主笑着说道：“您对儿媳妇真好，我这有一种苹果特别酸，而且富含维生素，天天给您儿媳妇吃的话，管保您儿媳妇生一个漂亮健康的宝宝。前几个月这附近也有两家要生孩子，总来我这买苹果吃，您猜怎么着？结果都生了个大胖小子，您想要多少？”

张大妈被第三个商贩说得高兴得合不拢嘴，从此以后每天都在这里买水果。

我们可以分析一下这三个商贩是怎么说的：

第一个商贩急于推销自己的苹果，根本没有探寻顾客的需求，只是简单地介绍了一下产品的特点，毫无吸引力，跟其他的没有什么区别！

第二个商贩没有马上推荐商品，而是询问顾客需要什么，为什么需要。但是产品在客户眼中并非不可替代，令人缺少购买的欲望。

第三个商贩推荐了对口的商品，并提到“前几个月这附近也有两家要生孩子……”从实例来说明产品，也就是讲故事，给了客户购买欲望，顺便再说几句好话，自然地达成合作！

产品是死的，人是活的，同样的苹果，不同的人卖出了不同的结果。所以，我们要学会运用故事来吸引客户，改变客户的认知，而不是依赖枯燥的传统销售术。

或许你看过不少人的销售，销售内容并无特别之处，却可以紧紧抓住客户的心，让客户点头买单，而这关键的差别仅在于——有没有对客户说一则好的故事。

卖产品，就是卖故事。别不相信！客户之所以心甘情愿掏钱包，很多时候购买的不只是商品，更重要的是在购买商品背后的故事。

试想，如果钻石不代表爱情，不代表永恒，女孩们还会为收到一颗钻戒而怦然心动吗？如果日本丽卡娃娃没有身世，她就只是一个纯粹的玩具，大家还会天真无邪地想和她做朋友吗？老鼠很讨人厌，米老鼠却“咸鱼翻身”人人喜欢，不就是因为它被人性化了、活泼可爱，打动了你我的内心吗？

将故事内化到产品，无论这件产品多么平凡无奇，都会给人以想象的空间，这时客户会不自觉地积累对产品的感觉，最终激发消费行为，这就是故事营销的奥妙。

谢东受一位朋友邀请去野外郊游，去的地方倒没什么特别，就是一个山区旅游地，郁郁葱葱的树木，蜿蜒的小道，田地里种满了各类果树，正值初夏果实累累，山地间随处可见大大小小的绵羊。每个人都很兴奋，心情也舒畅，导游大概讲了下行程，大家便满怀向往地向着小山村跑去，接待他们的是一个老村长，他向大家推荐了本地的特产，一种新的护肤产品——手工绵羊油。

市场上的同类护肤产品已经很多了，而且谢东认为自己一个大男人根本没有护肤的必要。但村长却对大家讲了一个故事：“你们知道吗？在很久以前，我们村里有一个勤快又孝顺的媳妇，她每天给丈夫和婆婆洗衣做饭，寒冬腊月，她的双手泡在冰冷的河水里，结果后来变得又红又肿，什么都干不了了，丈夫和婆婆见此，便将媳妇撵出了家门。这位伤心的媳妇无家可归，便在山脚下的一个窑洞里住了下来，并帮附近的一位老人放羊，她常常抚摸羊毛，渐渐地手疾竟然痊愈了，原来羊毛中有一种油脂，有治疗皮肤病的功能。”

“于是，这位媳妇开办起了手工绵羊油，带着全村人走上了勤劳致富之路，虽然这已经是很多年前的事情了，但我们勤劳的本分没有变。”讲这段话的时候，村长有些小骄傲，“按辈分算，我们现在算第十二代传人了。我们靠自己勤劳的双手养家糊口，也希望能将这种美好传递给更多的人……”

谢东知道这十有八九是一个杜撰的故事，多少也有夸张的成分，但不可否认这个朴实的故事吸引了他，使他情不自禁地对这种绵羊油产生了一些兴趣，并最终决定购买几瓶试用一下。这一行总共有一百人，一人平均买了2瓶，一瓶20块。那一天这位村长总共赚了多少钱，大家可以算算。

可能有很多人觉得这不是销售行为，但偏偏它就是销售，不管是不是刻意为之，它都是一次成功的销售。的确，销售的理论生硬而教条、理论性强、内容抽象，使人听得昏昏欲睡；相比之下，如果用故事来进行销售，不仅通俗易懂、生动活泼，更重要的是它包含着深刻的寓意和智慧。

保罗·梅耶是美国纽约“成功动机研究”的主持人，在进行大量研究后，他发现优秀的销售员都会巧妙地利用人们喜欢听故事的心理去说服客户。

所以，你若想实现推销目的，最直接，也最神奇的做法就是把产品变成故事，增加产品的内涵，将客户带进你创造的故事情境中，让你的推销变得有血有肉。这样，你就能使客户通过产品和故事的结合获得一种情感满足，他们自然会乖乖地成为“买单人”，还会真心感谢你的故事分享。

## 富有画面感的故事，才是好故事

我们和人沟通，想要达到一个理想的效果，首要任务就是要能在谈话中抓住对方的注意力。如果对方没有任何的情绪和反应，只是一个人自顾自地夸夸其谈，那么不管你的发言多么精彩，多么有内容，这场沟通都是失败的。

沟通要讲求艺术，一个讲话能够让人听得津津有味的谈话高手，必然是擅长用语言绘制出生动景象的，因为画面往往比单纯的文字要更能激发别人的兴趣。

杨舒在校社联会做副主席，平时接触的同学比较多，几乎每个系都有认识的人，其中不乏一些“系花”人物。每当舍友们问起“她长得怎么样”“她是什么样的人”时，杨舒就感慨自己词穷，来来回回都是“长得很好看”“个子高高的”“双眼皮大眼睛”……这样的结果是，舍友们觉得杨舒对每个“系花”的评价大同小异，他们非得亲自看一看才能了解，渐渐地也便不再向杨舒询问。

后来，杨舒又发现有时自己和别人沟通了很长时间，对方却不能够理解；当他分享自身经验的时候，下面的听众一脸木讷状，完全没有带入到沟通中。意识到问题的严重性后，杨舒立即找到了导师，并说出自己的困惑。

导师认真分析一番后，指出：“因为你的话语没让对方有直观的印象，也就是没有画面感，下周的课堂上，我们将讲到这一内容，到时你一定要认真听一听。”

对此，杨舒一开始是嗤之以鼻的，在他看来，语言不过是一种沟通的工具，只要能把意思讲清楚不就行了，但之后的上课内容却彻底改变了他的想法。

在课堂上导师出了一道题，让所有学生自己组织语言描述这样一个内容：尼亚加拉大瀑布水量十分惊人，每天浪费的潜在能量同样也是非常惊人的。

同学们依次被导师请上台发言，他们有的着重强调能量的重要性，有的大肆形容尼亚加拉大瀑布的壮观和惊人水量。在一连听了十几个同学的发言之后，杨舒只觉得昏昏欲睡，对那个什么大瀑布也根本没有什么概念。轮到他发言的时候，他更是只草草把导师布置的题目内容又重复了一遍就下台了。

在同学们都发言完毕之后，导师才又再次走上台，微笑着对大家说道：“我刚才听了大家的发言，说实在的，我脑海中没有形成任何印象，对尼亚加拉大瀑布究竟浪费了多少能量这一点，我脑海中也依然没有任何概念，更别说什么共鸣了。”

导师顿了顿，继续说道：“事实上，这个议题是埃德温·洛森在一次演讲中提到过的，他演讲的原文是这样说的：‘众所周知，美国境内，有数百万人都因贫穷而在死亡线上挣扎。但尼亚加拉大瀑布却无休止地在浪费：平均每小时，它都要浪费掉三十万个味道各异的面包；平均每小时都有八十万个新鲜鸡蛋被丢下悬崖，在巨大的漩涡里变成一个大蛋糕；它就仿佛一台超级织布机，有一千三百米宽的那种，但它织造出来的布匹却只能顺着水流远去；你可以试着想象一下，它每天的浪费，就相当于把一家大型百货公司带入湖底……’”

听着导师的话，原本昏昏欲睡的杨舒逐渐精神起来，同时脑海中出现了许多生动而又奇妙的画面，仿佛亲眼看到了那三十万个面包、八十万个鸡蛋、陷入漩涡的巨大蛋糕以及随水流远去的巨幅布匹，啊——还有那家无辜的百货公司！虽然我从未去过尼亚加拉大瀑布，也对所谓的能量一窍不通，但那一刻，杨舒仿佛一瞬间理解了发言者对能量浪费的惋惜，也正是在那一刻，他终于体会到画面感的重要性。

语言的力量总是令人惊讶不已，描述同样的东西，你可以把它描述得平铺直叙，索然无味，但你也可以把它描述成一部免费的电影，用语言带领对方绘制出一幅幅生动形象，让人印象深刻的画面。就好像尼亚加拉大瀑布的水流，在描述中，它可以是一堆数据和测量；也可以成为令人一见难忘的面包、蛋糕、巨幅布匹、百货公司……而它究竟以什么形象呈现出来，关键就看描述者用怎样的语言去描述。

无论什么时候，具体抽象的东西很难让人记住，同时也很难吸引人的注意力，而一个动人的故事一定充满了丰富的画面。因为人们天生更喜欢看，而不是听，画面往往比单纯的文字更能激发别人的兴趣。试想一下，当你能够用语言，引导对方在脑海中描绘出立体形象的画面时，是不是要比那种含糊不清、素然无味的话语更具有吸引力？

那么，如何构建富有画面感的故事呢？具体而言，我们可以在故事的一两个地方加点细节，包括颜色、形状、动作、声音、场景及五感等。

比如，在讲述一个小商贩因为收了假钞，气得欲哭无泪的故事时，可以多花几句描述他的细节——“那个商贩四十来岁的样子，长得瘦瘦的，愁苦的心情表现在脸上。他腰间挎着一个小包，因为被气得手发抖，那个包也随之不停地抖动。”这样听的人很容易会在脑海中形成画面感，进而对这件事、这个人印象深刻。

段平高大帅气身材好，而且才刚刚年过三十，就已经在一家知名企业坐上了高级工程师的位置，前途一片光明。段平的感情也很顺利，有一个青梅竹马的未婚妻，但奇怪的是，段平向这个女孩求了几次婚都被拒了，而且每一次女孩的理由几乎都大同小异——嫌弃段平求婚的时候没有诚意。

在第五次求婚失败之后，段平的姐姐终于忍无可忍，追问：“你到底是怎么求婚的？”

“嫁给我好吗？我会一生一世对你好。”段平懊恼地挠了挠头，“这不是很有诚意吗？”

姐姐笑了，继而交给段平另一种表白方式：“嫁给我好吗？我们一起营造一个美好温馨的小家，生一个健康可爱的宝宝。当你受伤时，我的双手是你的拐杖；当你难过时，我的肩膀让你哭泣；当你委屈时，我的怀抱永远向你敞开。即便有一天我们老得走不动了，我依然希望还能和你一起在夕阳下牵着手散散步，聊聊天。”

结果，这次段平终于求婚成功了。

假如你是一个女生，一个男生用以上两种方式跟你表白，你会接受哪一种？很明显，第一种是一种空洞的表达，很难让对方产生兴趣，自然也感受不到其中的情意。而第二种运用描述性语言，呈现出鲜活、生动的画面，会让人形成一种身临其境的感觉，从而触发出更直观、更丰富的感受。

所以，如果想要吸引住对方的注意力，让你的故事变得生动有趣，那么在讲述的时候一定要运用好画面感的代入，进而引导和掌控对方的思想。

## 故事要有创意，切忌千篇一律

相信大家都不会否认，自己是听故事长大的人。

那么，你的故事力怎样？你擅长讲故事吗？

一个令人叫好的故事多是因为“与众不同”，不同的思维方式，产生不同的表达方式；不同的表达方式，产生不同的表达效果。所以，在我看来，一个擅长讲故事的人，必定有着丰富的表达方式，他们往往能在短短几分钟内，打造一场妙趣横生的谈话，给对方制造一个难以忘怀、回味许久的记忆。

国良在一所小学做校医，有一段时间，学校准备进行一堂健康教育课，给学生们介绍维生素C的重要性，引导大家平时多吃水果蔬菜。但是按照以往的经验，如果不断地宣传维生素的功效，会显得非常枯燥无聊，学生们记不住不说，也没有兴趣。无疑，这就会是一堂失败的课程。

那么，国良是如何做的呢？

开始上课时，国良先问学生们：“你们谁见过海盗？当然，现实中我们看不到，但电视电影上或者漫画书上，你们肯定见过。他们都是什么样子的？”

学生们回答得很踊跃：“他们穿着黑衣黑袍，很神秘”“他们胡子拉碴，脸上很黑，遍身都是刀疤”“他们戴着眼罩和头巾，喜欢蒙住一只眼睛”……

“大家说得很好，看来你们的观察力很强。”国良继续说道，“不过，你们有没有注意到，海盗们的牙齿大都很黄很臭，有人甚至满口烂牙。你们知道这是为什么吗？”

学生们很好奇，立即产生了往下听的兴趣。

这时，国良告诉学生们：“在大航海时代，海盗们经常在海上一漂几个月，经常吃不到新鲜的水果蔬菜，因而身体里缺少维生素 C，所以，牙齿就会变黄变臭，据说当时 90% 的船员都因此得上坏血病而死。”

就这样，孩子们在奇趣的故事中，不知不觉了解到维生素的重要性，而且牢记不忘。

如果人们在日常沟通中，都是有一说一、有二说二，所讲述的故事没有任何创新和变化，也没有奇巧和怪诞，要想取得良好的效果是很难的。假如我们就某种现象进行说明或就某个问题进行辩解时，讲出别人没有想到的奇妙之处，给人一种新奇的心理体验，相信一定能使人眉开眼笑、精神不禁为之一爽。

相信不少人都不喜欢“酒鬼”，因为他们大多属于逢酒必喝，逢喝必多，逢多必闹的那种人。有时明明彬彬有礼的一个人，一喝醉了酒也会控制不住自己，大谈特谈，或大哭大闹，和平时判若两人，很让人反感。

但尹力却是一个例外，因为他经常在酒桌上讲故事，而且非常有创意。

“你知道吗？”尹力一边倒着酒，一边神秘地说道，“昨天晚上，我带了四瓶啤酒回家，结果在楼梯上滑倒了。”

“啊！”朋友们有些惋惜，“那啤酒是不是全洒了？”

“没洒”，尹力笑着摆摆手，“我咬起牙，捂住嘴，硬是一滴也没损失。”

敢情，那四瓶啤酒全在尹力的肚子里呢。

按常理说，没喝的啤酒与喝下的啤酒不是一回事，虽然它们从物质成分上来说是同一样东西，但也是同一样东西的不同形态。在这里，尹力运用不同的表达方式，产生了一种出人意料，又令人啼笑皆非的喜剧效果。

由此可见，想讲好一个故事需要有独一无二的视角，有鲜活而独特的洞察力，找到令人觉得有趣，或是新奇，甚至神奇的创意，也就是说我们要做一些“有创意的表达”。

那么，什么才是有创意的表达呢？你不妨试着培养自己的发散思维。遇到问题时，要能够从多角度、多侧面、多层次、多结构去思考，让思维呈现开放性、扩散性。例如，砖头有多少种用途？你能想起的答案有什么？造房子、砌院墙、铺路、钉钉子、当武器打人、磨刀、垫东西或压东西，或者做成一件艺术品……如果想要自己的创意跟别人不一样，就必须要多，而且广，你的点子至少要有十个以上。

另外，我们平时还要多问自己开放式的问题：“如果……那么，将会发生什么？”如果一条鲨鱼游进度假的海滩并吞食了一名游客，那么，将会发生什么？这是电影《大白鲨》；如果一个小孩遗落在森林里被老虎追杀，那么，将会发生什么？这是电影《梦幻森林》；如果一艘号称“永不沉没”的大邮轮在首次起航时，突然触冰山沉没了，那么，将会发生什么？这是电影《泰坦尼克号》……

也许，你的口才不是最优秀的，但当你尝试着用创新思维讲故事时，你将摆脱常规思维的控制，不再拘泥于固有的观念，进入一个无所不能的沟通世界，进而发现其中的无限乐趣。